JN216401

「賢い子」に育てる究極のコツ

16万人の脳画像を見てきた脳医学者が教える

東北大学加齢医学研究所
教授
瀧 靖之

はじめに

特別な教育を受けなくても、どんどんと自分の力で学んでいく子がいます。その子は「勉強ができる」だけでなく、賢くて発想力も豊か。素直で努力家で、自分の夢に向かって着実に歩んでいる。

友達もたくさんいて、毎日を楽しそうに過ごしている。

長い目で見ると、就職活動でも自分の望みの業界や会社に入って、活躍している。

脳の専門家である私が今、子育ての本を執筆することを決めたのは、最新の研究から、そんな「ぐんぐん伸びる子の条件」が少しずつ見えてきたからです。

私の所属する東北大学加齢医学研究所は、日本国内では唯一、大量のＭＲＩ画像をデータとして蓄積しています。ＭＲＩという磁気を使った装置で、脳の中を三次元で写し出し、それを解析《かいせき》しています。

対象となるのは、5歳の子供から80歳を超えるご高齢の方まで。そのデータ数は、16万件にも上ります。子供のMRIのデータは特に貴重で、世界でもこれほど充実したデータを持っている機関はありません。

このようなビッグデータから、「どんな生活習慣の人が、どんな病気になりやすいか」「どんな人が認知症になりにくいか」などを明らかにするのが、私たちの仕事です。

そして最近、その研究から新しい事実が見えてきました。それが、「どういうふうに育った子供が、賢くなるのか」ということです。子供の脳画像と成績、IQ、遺伝、環境、生活習慣など、あらゆるデータを継続的に蓄積していった結果、「賢さ」や「頭のよさ」が脳画像から読み取れるようになってきたのです。

本書でお伝えするのは、数例のデータや感覚からの結論ではなく、膨大な脳画像が

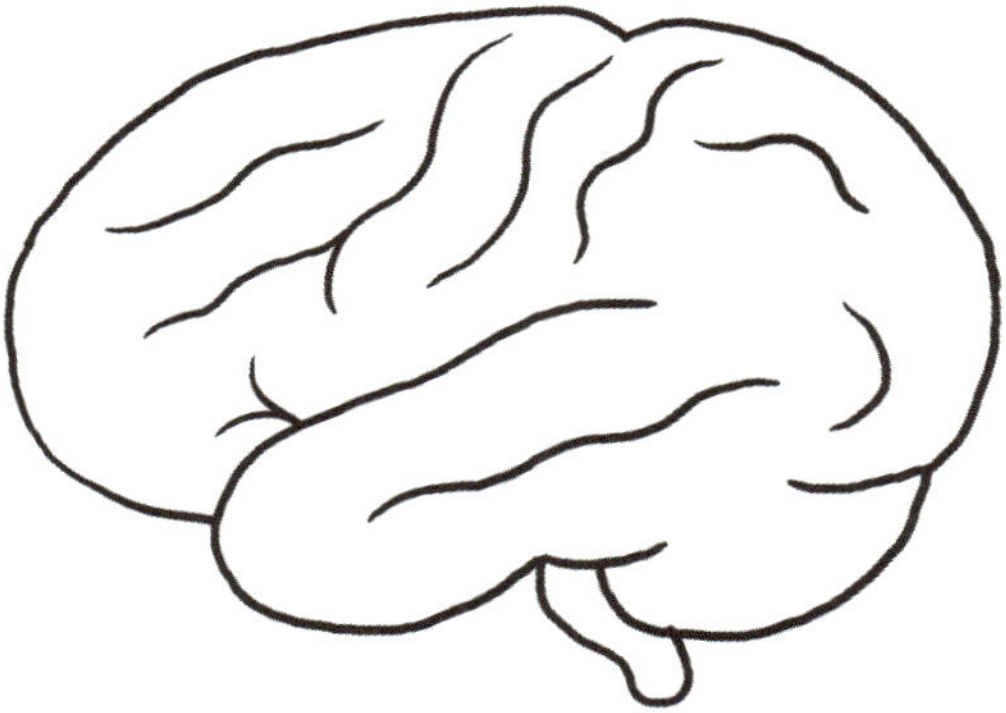

★ 16万人以上の脳画像の研究から……

・脳レベルで子供を賢くする方法
・脳の成長のしくみと、才能の伸ばし方
・効果的な親の働きかけ
・どんどん知識を吸収できる学習法
・健康で、イキイキと輝く生活習慣 etc.

……が、見えてきた！

脳画像は、私たちに「たくさんのこと」を教えてくれている教えてくれた、「賢い子」に育てるためのエッセンスです。どんな子供でも、何歳からでも、親の働きかけ次第で、賢く育つ。脳の研究の第一人者として、その方法をお伝えしていきたいと思います。

また、私にももうすぐ4歳になる息子がいます。この4年間、驚くほどのスピードで成長、発達していく姿を見て、子供が秘めた〝ものすごい才能〟に気づかされています。ときに、自分自身の研究で明らかになったことと照らし合わせ、納得することも多くあります。

一方で、実際に子育てをしていると、「本当は、こうしたほうがいい」ということでも、忙しかったり、子供が思うように動いてくれなくて、なかなかうまくいかないこともわかりました。その発見をふまえ、本書では、私自身が子供との接し方で心がけていることも紹介していきます。皆さんのお子さんへの働きかけのヒントになれば嬉しく思います。

子供を賢くする「究極のコツ」とは？

詳細は本編で紹介しますが、子供を賢く育てる秘訣は「好奇心」にあります。ほとんどの子供は、生まれながらに「好奇心」を持っています。でも、残念ながら、必ずしも、子供の持つ「好奇心」を生かしきれていない、そんなご家庭も少なからずあるようです。

「好奇心」を引き出してあげるにはコツがあり、そのコツさえ押さえれば、子供は親の想像をはるかに上回る成長を遂げていきます。

子供の好奇心を十分に伸ばし、脳をぐんぐん伸ばすコツを、本書では主に、

・3つの秘密道具を使った好奇心の伸ばし方
・子供の脳の成長（年齢）に合わせた取り組み方
・健やかな脳を育《はぐく》む生活習慣

という3つの側面から紹介していきます。

その中で、「子供からの質問に答えるとき、親はあまり頑張って答えようとしないでください」とお話ししています。好奇心がすくすくと伸びた子供からは、親が答えられないようなレベルの質問が飛んでくるようになるでしょう。そして、その知的好奇心を、子供が自分で調べたり考えたりすることで、より伸ばしていくこともできるのです。

また、「好奇心」からは少し逸《そ》れますが、脳の研究からわかってきた、「暗記科目の効率のよい学習法」や、「脳の成長と遺伝の話」も紹介しています。

遺伝の影響や脳の性質がわかれば、「受験勉強の仕方」も「将来の夢のかなえ方」も、おのずと変わってきます。子供の将来を、もっと明るく照らすことができるでしょう。

この子育て法で、「学力も自然と上がってくる」のはなぜか？

子供というのは将来を担《にな》う大事な存在です。

子供が毎日をイキイキと過ごしながら夢をかなえることができたら、親としてこれほど嬉しいことはありません。今の世の中、自己実現すること、夢をかなえることは難しいと思われていますが、そんなことはない。それを実感していただきたいと思います。

学歴は本質ではありません。学歴ばかりを追い求めてもやがて限界が来ますし、何より、「知りたい」「学びたい」と思っていない子供に勉強を強制しても、その子は辛《つら》いだけです。

しかし、学歴によって、職業選択の幅が広がることは事実です。なりたい職業に就ける可能性が上がる。入りたい会社に入りやすくもなるでしょう。「学歴」は、夢をかなえるツールです。そして「好奇心」を持つことで、自然と「学歴」はついてきます。

さらには、最新の脳研究から、幼い頃の「好奇心の有無」で、生涯を通した「脳の健康」も変わってくる可能性も見えてきました。

「勉強ができる・できない」「仕事を頑張れる・頑張れない」だけでなく、将来的な「脳の老化の速度が遅い・速い」「認知症にならない・なる」の差にもなってくるのではないか、と見られているのです。

本書は、一個人の経験や主観とは違った、脳医学から生まれた1冊です。

肩の力を抜きつつ、役に立てていただけたら、脳科学者、そしてひとりの父親として、これほど嬉しいことはありません。

東北大学加齢医学研究所教授　瀧《たき》　靖之《やすゆき》

目次

2章 子供がぐんぐん賢くなる「3つの秘密道具」

3章 芸術・語学・運動能力……
才能とセンスは「始める時期」で決まる

8～10歳：語学

10歳～思春期：社会性・コミュニケーション能力

4章 心も体も脳も！一生の健康をつくる「親の役割」

5章 脳が勝手に成長スピードを上げる！おすすめ生活習慣

1

「好きなこと」で頭がよくなる！「脳を育てる」子育て法

難関大学生が子供の頃に皆、持っていた「ある本」とは？

「伸びる子」「伸びない子」の一番の違い

同じ時間だけ勉強をしたとき、ぐんぐんと成績を伸ばす子と、さほど成果が上がらない子供がいます。

小学校の頃に勉強ができて、そのまま伸びる子と伸び悩んでしまう子。

小学校の頃はそれほどではなくても、追い上げてくる子と変化のない子。

その違いは、どこにあるのでしょうか。

私は、脳の研究を始める前から、このことを知りたいと思っていました。そこで大

学生になったとき、さっそく自分なりに「調査」を始めました。同級生たちに、

「子供の頃、どんなことをするのが好きだった？」

「どんな子供時代を過ごしていた？」

と、質問をしていったのです。


その質問を通して、ひとつの共通点が浮かび上がってきました。

それは、「成績が伸びていった子は、幼い頃から図鑑が大好きで、よく見ていた」

ということです。


見ていた図鑑の内容は、花、植物、動物、鳥、昆虫、乗り物、宇宙……と人それぞれでした。しかし、多くの学生たちは、字が読めるか読めないかくらいの時期から図鑑が家にあったと言います。

では、とりあえず図鑑を買って、子供に与えればいいのか？

いえ、実際には、図鑑を見ていた子供の中にも、成績の伸びが今ひとつという人もいました。どこに違いがあるのでしょうか。

親のちょっとした心がけで、子供の能力がここまで変わる

なぜ、同じように図鑑を見ていても、成績が伸びる子と伸びない子に分かれるのか？ その疑問は、その後、本格的に脳の研究をしていく中で、明らかになっていきました。

ある大手教育機関の寄附研究部門で、准《じゅん》教授をしていたときのことです。そこには、子供たちの成績をぐんぐん伸ばす「名物先生」と呼ばれる方々がいました。その方々に、学生時代からの疑問をぶつけてみたのです。

「どうして同じ時間だけ、同じように勉強をしても、伸びる子と伸びない子がいるの

伸びる子・伸び悩む子の差は？　——図鑑にあり！

でしょうか？」

「小学校の頃に勉強がよくできても、途中で伸び悩んでしまう子がいるのは、どうしてだとお考えですか？」

「伸びる子・伸びない子」を現在進行形で見続けている先生方が口をそろえて言っていたのが、「親の役割」でした。

といっても、伸びる子の親が「勉強しなさい」などと言っていたわけではありません。**伸びる子の親は、「図鑑などを使って、子供の好奇心を伸ばす」という役割を果たしていた**のです。

その具体的な方法は2章で紹介しますが、ここで簡単に説明すると、子供が図鑑で得る「バーチャルの知識」と、現実世界の「リアルな体験」とを、親が結びつけてあげるのです。

乗り物図鑑で電車に興味を持ったら、実物を見に、駅まで連れて行く。

公園で花を見つけたら、図鑑でその花を探してみる。

そうやって、子供の中で「バーチャルの知識」と「リアルな体験」が結びつくと、子供のワクワクは大きくなり、「知ること」に純粋な喜びや楽しさを感じます。それが、より強い刺激となって、脳に成長をもたらすのです。

私には3歳の息子がいますが、**息子はまさに今、「知ること」が楽しくて仕方がないように見えます。**図鑑の情報が日常生活にどんどん結びついて、日々、彼の中の〝世界〟が豊かに広がっているのです。


今から1万年前の地球には、どんな生き物がいたのか？

植物はどんなふうにタネをつくるのか？

……私たち大人が今から覚えるには、必死になって勉強しなければならないようなことを、ぐんぐん吸収していける。そんな能力を、ある時期までの子供は皆、持っています。「バーチャルとリアルを結びつけてあげる」ということは、この能力を「スイッチオン」にすることなのです。

なぜ好奇心が、子供の学力を効果的に伸ばすのか？

この「好奇心」に関連して、私も衝撃的な体験をしたことがあります。

それは、幼稚園に通っていた頃、高校生のいとこの家に遊びに行ったときのことでした。いとこが、小さな天体望遠鏡で「土星」を見せてくれたのです。

望遠鏡を覗《のぞ》いてみたら、そこに「土星のわっか」が見えた。それまで図鑑でしか見たことのなかったものが、目の前にポンと現れたのです。

「こんなものが宇宙に浮かんでいるのか！」

「こんなに、はっきり見えるのか！」

と、望遠鏡から離れることができませんでした。

そこからますます宇宙に興味が増し、中学校で天体の授業を受けたときには、もうほとんどが知っていることでした。

そうすると、**授業も楽しくて仕方ない。新しい知識もスムーズに覚えられますし、テスト勉強でも努力している意識はなくなります。**

子供が自分から勉強を楽しめる。

机に長時間向かっていなくても、テストの成績がいい。

学校で学んだことを、生活の中で実感できる。

好奇心には、そんなふうに子供を変える力があるのです。

図鑑が育てる、脳の「こんな力」「あんな機能」

図鑑から始まる家庭学習は、子供にどのような影響を及ぼすのでしょうか。ここで、脳の働きから考えてみましょう。

本を読むときは、脳の中でも、「言語野《げんごや》」と呼ばれる「側頭葉《そくとうよう》」や「前頭葉《ぜんとうよう》」などの部分が活性化します。それに加え、図鑑は必ず画像（写真やイラスト）をともないますから、図形認識や空間認知を担《にな》う領域など、言語野以外の複数の脳の領域も同時に活性化できます。

脳の刺激という面だけで考えても、「図鑑は子供の脳にいい」ということがわかるでしょう。

さらに、ここにリアルな体験が加わると、子供の脳はさらにたくさんの刺激を受けます。

たとえば動物が大好きな女の子が、ネコを飼ったとします。

ネコをなでたり触ったりすることで、触覚が刺激されます。触覚を司《つかさど》るのは「頭《とう》頂葉《ちょうよう》」という部分です。

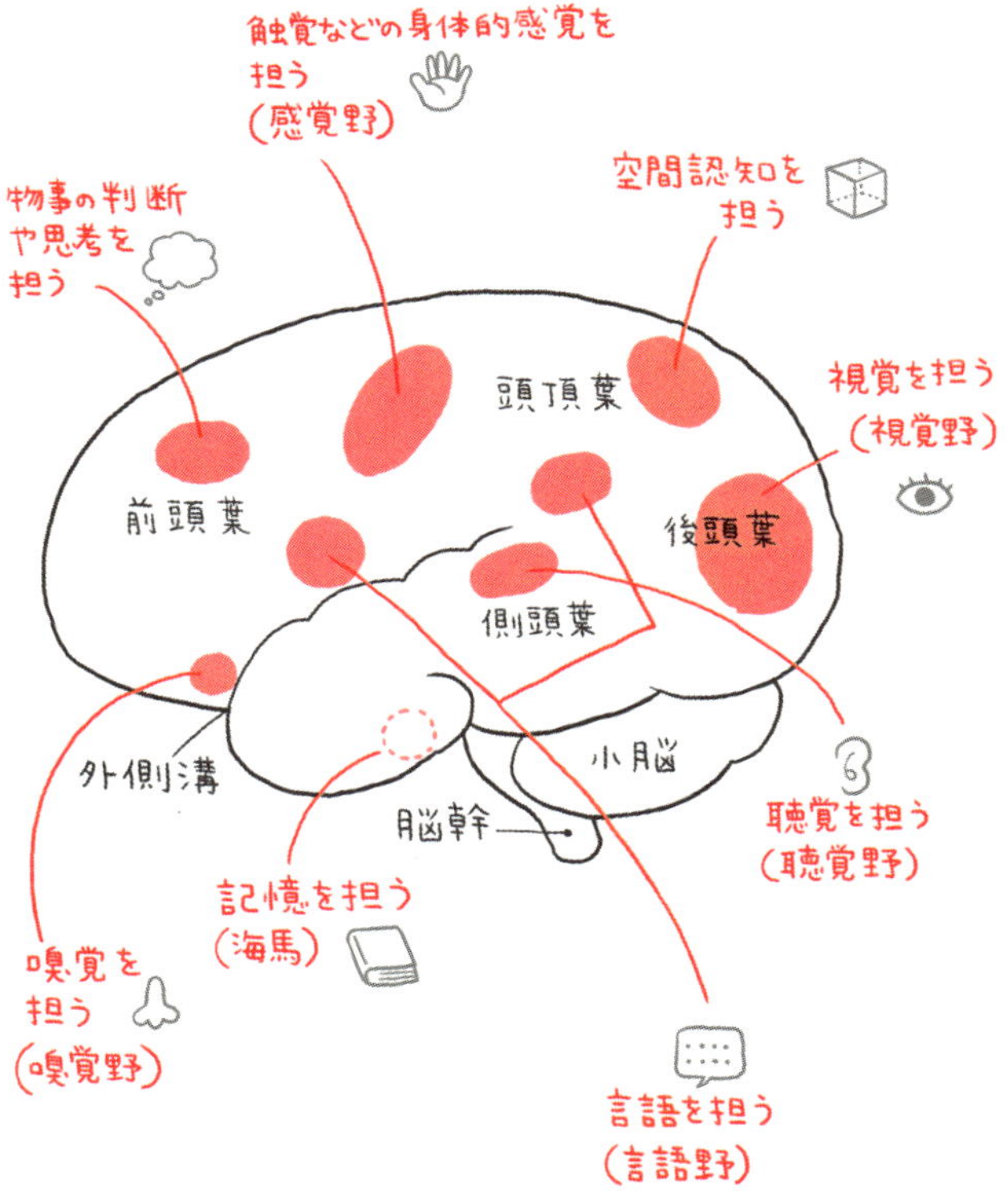

「図鑑＋リアルな体験」は、脳の広い範囲を刺激する

そして「甘えている」「ご飯を欲しがっている」など、鳴き声の違いを聞き分けることで、聴覚が刺激されます。聴覚は脳の「側頭葉」の部分。言語と近い領域にあります。

動物の匂《にお》いを感じれば、それは嗅覚《きゅうかく》の分野。脳でいえば「大脳辺縁系《だいのうへんえんけい》の嗅覚野」という領域です。

さらに、動物とのふれあいの中で生じる幸福感や満足感によって、脳のより広い領域も刺激されていくでしょう。

このようにリアルな体験は、視覚のみならず、聴覚、触覚、嗅覚と、幅広い領域を同時に刺激していきます。子供の脳を全体的に刺激するために、欠かせないものです。

「自分でできる子」の共通点

リアルな体験を積むと、子供の頭の中は質問、疑問でいっぱいになります。

「これは何？」
「なぜ？」
「どうして？」

3～4歳になると、多くの子供はどんなことに対しても「なぜ？」「どうして？」と言うようになる、というのはよく知られていますね。

この「なぜなぜグセ」を一時期のものにせず、いつまでもあらゆる物事に対して疑問を持てるようにしてあげるのです。

「一時期だけでも、子供の『なぜ？』『どうして？』に答えるのは大変なのに、ずっと続いたら困ります！」

などという心配は、必要ありません。

最初は、何でもお父さんやお母さんに聞くかもしれませんが、そこで図鑑を取り出して、「自分で調べる」を習慣にしてあげる。子供に強い好奇心があれば、「調べてでも知りたい」と思わせるのは難しいことではないはずです。

好奇心が豊かに育った子供の質問は、我々親の知識を軽々と超えていってしまいます。ですから、**親が頑張って答えないほうが、子供にとってもいい**のです。

子供の中に育った「好奇心」は、やがて意欲や競争心となって、生涯にわたってその子の財産となっていくはずです。

子供の〝伸びしろ〟は5歳までに決まる!?

好奇心を最大限に伸ばす、図鑑の「始めどき」

私が本書で一番伝えたいことを簡単にいえば、この強い「好奇心」を、少しでも早く子供に身につけさせてほしい、ということです。

図鑑を与える時期でいうと、遅くとも3、4歳には用意してあげてほしいのです。

これは、男の子も女の子も共通です。

私がそう考える理由は、私たちの「脳のしくみ」にあります。

多くの子供は、3、4歳くらいになると、徐々に「好き・嫌い」を自分で判断するようになっていきます。

すると、せっかく図鑑を与えても、「図鑑は嫌い」「花なんて嫌い」などと言われてしまうかもしれません。

反対に、その前から身近にあったものは、自然に「好き」という判断をします。その一番わかりやすい例が、「幼なじみ」でしょう。

ある程度大きくなってからできた友達は、どこか「似たもの同士」だったりしませんか？　私たちは、どこか自分に似たところのある人に親しみを覚えるものです。

でも、幼なじみは違います。「全然違うタイプなのに、どうしてあの子たちは仲がいいの？」ということは、よくある話です。

違うタイプ同士でも、いつまでも親しくいられる。それは、相手のことを「好き・嫌い」とか「合う・合わない」と判断する前から一緒にいたことで起こるのです。

子供と図鑑の関係も、同じです。「面白い・面白くない」と子供が自分で判断する前に親しんでいた図鑑は、「好き」になる可能性が高くなります。

ですから、好奇心をより豊かに伸ばしてあげるためには、3、4歳を迎えるまでの期間が大切なのです。

ただ、3、4歳を過ぎてしまっても、諦《あきら》める必要はありません。5歳以上の子を図鑑に夢中にさせる方法は、73ページでご紹介します。

脳の成長の「黄金期間《ゴールデンタイム》」とは?

もうひとつ、なるべく早く子供の好奇心を育ててほしい理由があります。

私たちの脳内では、脳神経細胞同士がネットワークをつくって、情報を伝達しあっています。この脳神経細胞のネットワークが効率的につながり、情報をすばやく的確に伝達できている状態が、「頭がいい」「記憶力がいい」ということです。

脳の成長の詳細は3章に譲りますが、ここではその脳のネットワークについて、簡単に「道路」にたとえてお話ししましょう。

生後すぐの赤ちゃんの脳内では、道路建設（ネットワークづくり）がさかんに行われていますが、その道路のつくり方には、決まったパターンがあります。

それは、

①最初にとにかくたくさん道路をつくって

②実際に使ってみて

③使わなかった道路はどんどん壊す

という方法です。

生後6～8カ月までの赤ちゃんは、親の国籍にかかわらず育った国の言葉を聞き分けられるようになるということが、アメリカ・ワシントン大学のパトリシア・クール教授の研究で明らかになっています。

①の段階で幅広い言語に対応できるように道路がつくられているため、そのとき周

〝聞く力〟は生後すぐからぐんぐん伸びる

囲で話されている言葉の音を捉えることができるのです。

音以外のあらゆる能力についても、成長のしくみは同じです。

どんな環境に生まれても、適応して生きていくことができる。

このしくみのおかげで、赤ちゃんは見るもの、聞くもの、触れるものに何でも興味を持って、知識や経験として吸収していくことができるのです。

なぜ好奇心を「早く持つこと」が才能の伸び方をこれほど変えるのか

1、2歳の子供と外を散歩していると、なかなか前に進めないということがあります。しゃがんでは小さなものをつまみ、

「いし！」

と言って見せてくれます。少し進むと嬉しそうに、

「はっぱ！」

と言って落ち葉を拾って渡してくれます。

水たまりがあれば入ってみるし、段差があれば登って歩いてみるでしょう。

脳のネットワークが張《は》り巡《めぐ》らされている子供は、どんなものにも興味を持つものです。

そうしてある程度の時間が経ち、「よく使う道路」と「使わない道路」が決まってくると、③の「使わない道路」をどんどん壊す段階に突入します。

使わない道路を間引くことで、道路の管理が楽になる（＝脳を効率よく使える）ようになるのです。その反面、それまでその子が興味を持ってこなかったものに通じていた道は、少しずつ減っていってしまいます。

生まれたばかりの頃は何語にも対応できたはずなのに、今、多くの日本人が英語の習得に苦労しているのには、その学習を始めた時期も影響しているかもしれません。

英語に続く道が整備されているうちに、英語に触れていなかった可能性があるのです。
言い換えれば、①や②の時期に少しでも英語に好奇心を持って触れていれば、多くの人がもっとスムーズに、英語を習得できたはず。**能力を高めるのに適した時期を逃さないためには、早く好奇心を育ててあげることが大切なのです。**

ただし実際には、①や③の時期は、脳のエリア（能力の種類）ごとに差があります。すべての能力で一気に「タイムリミット」がくることはありません。たとえば英語は8〜10歳に発達のピークを迎えることがわかっていて、音楽や運動はもっと早いことがわかっています。
能力ごとの①〜③の時期は、3章で紹介します。

また、一度③の段階まで完了して、道がなくなってしまっても、努力次第で再開通も可能です。過ぎてしまっているとしても、諦める必要はありません。

好奇心のある子は、自然と賢く優秀に育つ

「勉強ができる子」と「賢い子」は、脳のどこが違うのか？

ここまで読んでいただいた方の中には、

「成績のよさと賢さは違うのでは？」

と感じる方もいるでしょう。もちろん、脳の観点から見ても、「成績がいい子＝賢い子」と単純にいうことはできません。

しかし、それらは決して無関係ではないと、私は考えています。

いいえ、むしろ脳から見えてくる本質は、「賢い子は、いい成績がとれる」ということです。

単に「成績のよい子」「勉強ができる子」に育てるのは、それほど難しいことではないと、私は考えています。小さい頃から塾に通わせたり、腕のいい家庭教師をつけたりすれば、ある程度まで成績を伸ばせる可能性が高いからです。

学校の勉強には範囲がありますから、それをマスターすればいい。とにかく、時間を割《さ》いて勉強をさせればいいのです。

ただ、単に「成績がよい子」というのは、必ずどこかで限界がきます。それは中学かもしれないし、高校かもしれないし、大学かもしれません。あるところまで伸びても、そこから先は伸びにくくなる。将来の夢も、なかなか見つからない。

なぜなら、「知りたい」「学びたい」という気持ちがともなっていないからです。受験が終わったとたんに、無気力になってしまうこともあるかもしれません。

どんなことも楽しみながら成長できる子の条件

「賢い子」は違います。私がいう「賢い子」というのは、「ちゃんと好奇心が育っている子」のことです。

もしかすると、子供の好奇心は、成績にすぐには直結しないかもしれません。しかし好奇心を持っていれば、必ず成績も伸びてきます。

たとえば、こんな子供の話を聞いたことがあります。

しゅうた君という男の子は、2、3歳の頃から手にする箱やおもちゃをすぐに壊してしまう子供でした。最初はお母さんも、

「壊しちゃダメよ」

と注意していたのですが、何度注意しても〝壊しグセ〟は治らなかったそうです。

本当に楽しそうに、ものを分解しているのです。

そこでお母さんは、いらなくなったおもちゃをママ友からもらって、

「これは壊してもいいよ」

としゅうた君にあげるようにしました。「これもこの子の興味のひとつ」と捉え、おもちゃを分解できたときには「よくできたね」と褒《ほ》めるようにしたのです。

大きくなるにつれて、しゅうた君の〝分解遊び〟も本格的になりました。その腕前は、時計、携帯電話、パソコンなど、精密機械も分解してパーツごとに分けられるほどだそうです。

しゅうた君は今、中学生になりましたが、学校での成績はトップクラスだといいます。小学生の頃は苦手だった国語や社会科も、

「日本で一番、物理を勉強できる高校に行きたいから」

と、受験を見据え、勉強に励んでいます。しかもお母さんは「勉強しなさい」と言ったことはないそうです。

好きなことに一生懸命取り組んだ子供は、自分で自分の力を伸ばしていくことがで

きます。最初は成績が振るわなくても、自分の好奇心を満たすために勉強が必要になれば、自《みずか》ら進んで勉強をして、成績を伸ばしていけるのです。

「おもちゃを壊す」のように、成績には直接つながらない興味であっても、それは同じです。

好奇心は、脳を育てる一番の栄養です

私たちの脳は、自らを変化・成長させていくことができる力を持っています。この力を、「可塑性《かそせい》」といいます。

何かを突《つ》き詰《つ》めれば突き詰めるほど、脳の可塑性を高めることができる。つまり、他の分野についても脳を成長させやすくなる、という特徴があるのです。

突き詰めるものは、何でもかまいません。

お絵描きでも、かけっこでも、ピアノでも、パズルでも、子供が時間を忘れて取り組んでいるもの、好奇心を持っているものがあるなら、それをさせてあげる。それが、脳の成長にはプラスとなるでしょう。

つまり、好奇心を持って何かに取り組めた子は、自然と賢く、頭もよくなるのです。

「勉強ができる子」ではなく「頭がいい子」を育てる。

テストの点数などは、本質ではありません。

好奇心が旺盛《おうせい》であれば、成績は後からついてくるものです。

新発見！　子育ての仕方で、「脳のつくり」が変わる!?

一生、脳の健康を保つ！　好奇心の見逃せない効果

ここまで、好奇心が子供の脳の成長にとっていかに大切かを説明してきました。

さらに長い目で見れば、脳の老化に対しても、好奇心は効果を発揮することがわかっています。

どんなに健康な人でも、歳をとれば脳は老化し、次のページのグラフのようにさまざまな能力が低下していきます。しかし、幼い頃から好奇心が高い人ほど、歳をとってからの脳の萎縮《いしゅく》（＝老化）速度が遅く、特に「高次認知機能」が高い状態で保たれやすいのです。

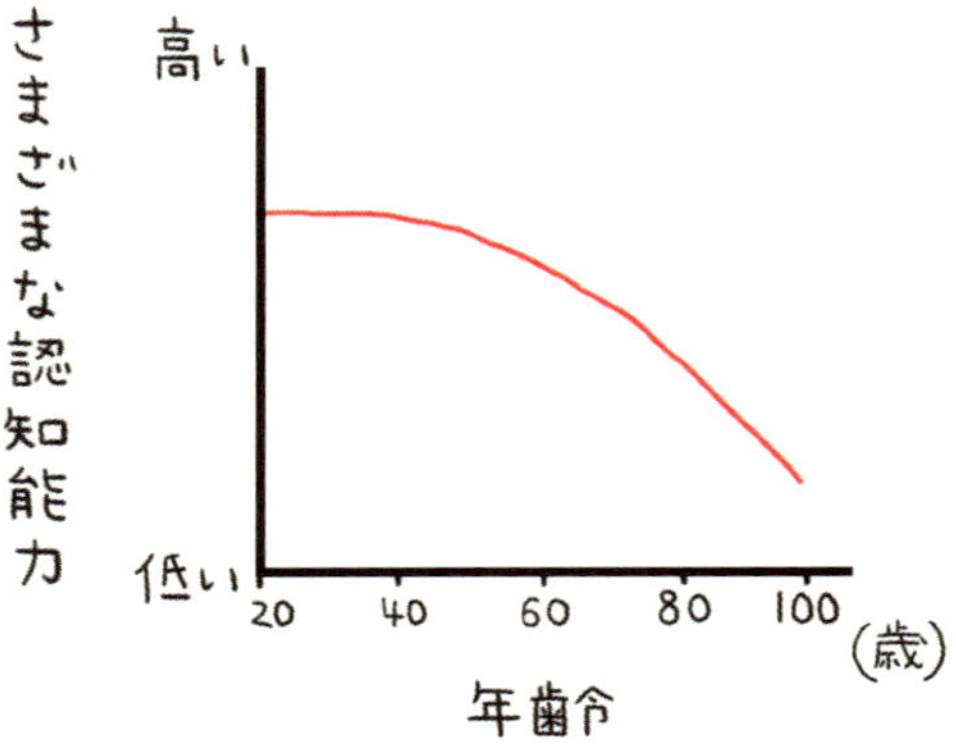

脳は"放っておくと"みるみる老化する

高次認知機能というのは、人間らしさをかなえる能力。つまり、考えたり、判断したり、計画したり、決定したり、洞察《どうさつ》したり、コミュニケーションをとったりする能力のことです。

好奇心が旺盛で、高次認知機能の高い人というのは、歳をとってからも人生を楽しめる人、といえるでしょう。

「幸せな人は、そうでない人と比べて10年近く長生きしやすい」ということは、チューリッヒ大学のブルーノ・フライ教授によって報告されていますが、好奇心を幼いうちに養っておくことが、幸せに長生きすることへとつながるのです。

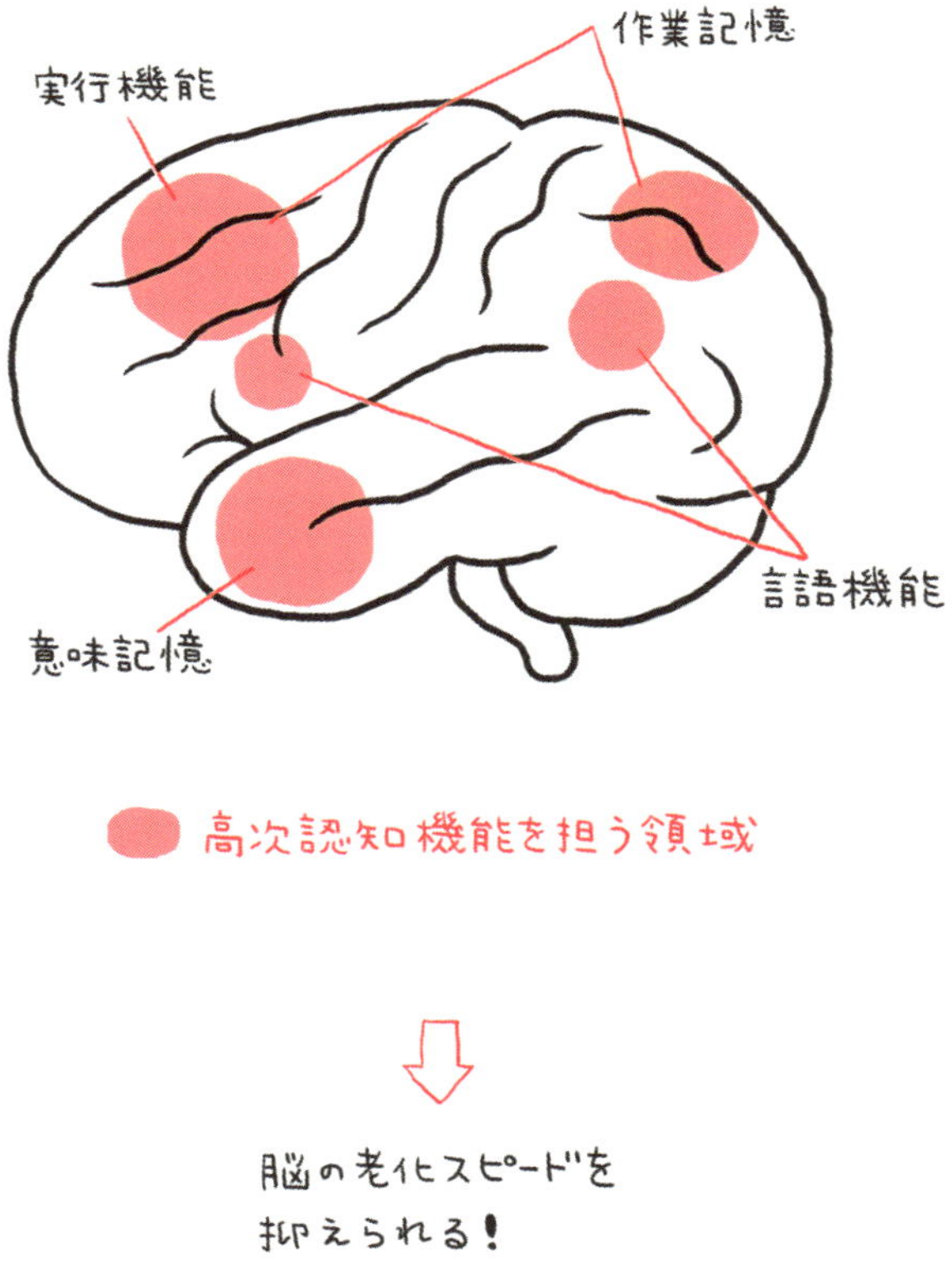

好奇心が高次認知機能を活性化！

脳の老化を、好奇心がスピードダウンしてくれる。
さらに、好奇心によって、幸せに長生きできる可能性が増す。

子供の好奇心を育ててあげることの大切さは、こんなところにも現れているのです。

親も子も……認知症にならない脳のつくり方

好奇心を高めておくと、「将来の認知症のリスク」を減らせる。このことも、脳画像の研究から、すでに証明されつつあります。

認知症の患者数は、2016年現在、日本だけで450万人に上るといわれています。

これまで、認知症は、「治すことはできない、誰もが、いつかはなる病気」と考えられてきました。特にアメリカのレーガン元大統領が認知症になって以来、「長生きすれば、誰もがなるもの」という認識に拍車がかかりました。

しかし、その認識も、数年前から風向きがガラッと変わってきています。実は認知症になるかならないかは、生活習慣の影響がかなり大きいということが、わかってきたのです。

実際、2013年には、イギリスの医学専門誌『The Lancet』に、調査以来はじめて、イギリス国内の認知症患者の割合が減少したと報告されています。生活習慣の指導によって、なんと2～3割も認知症患者の割合が減っているのです。

ここで行われた生活習慣の指導の中には、運動やそれ以外の活動（趣味）の推進も含まれています。この取り組みを通して、高齢の方の好奇心レベルの向上につながった可能性は、おおいにあるでしょう。

私たちの研究においても、高齢の方の中でも、好奇心レベルの高い人、つまり、趣味をたくさん持っている人は、高次認知機能を司る部分の萎縮が、他の人に比べて遅い（＝認知症になりにくい）傾向にあることがわかってきています。

特にその趣味は、「子供の頃から興味があったもの」「子供の頃に少し習っていて、大人になって再開したもの」が多いようです。

ご自身を振り返ってみても納得されると思いますが、子供の頃に好きだったものというのは、関わり方は変わっても、今でも皆さんの興味の中にあるのではないでしょうか。

野球少年だった方はプロ野球を応援し、「鉄ちゃん」だった方は今でも鉄道での旅が好きかもしれません。

もちろん、大人になってから初めて出合った趣味が劣るわけではありませんが、子供の頃に親しんでいたことほど、高齢になってからも続けやすい、ということはいえそうです。

3～5歳の子供に図鑑を買ってあげること、一生涯にわたる好奇心を持たせてあげることが、その子が脳から賢く育つことにつながる。さらに、その子の将来の認知症のリスクを下げることにつながる。

そんなことが、最先端の脳の研究からわかってきているのです。

②

子供がぐんぐん賢くなる「3つの秘密道具」

今日から実践！「好奇心たっぷり脳」に育てる工夫

「子供の好奇心を育てよう」といわれても、どのようにしたらいいのかわからない方も多いでしょう。実際、好奇心を伸ばすには、コツがあります。

そこで本章では、子供を賢くするための好奇心を育てる具体的な方法をご紹介します。

そこで必要なのは、「3つの秘密道具」です。

それぞれのご家庭で、子供の好奇心を育てるために活用してください。

秘密道具その1：図鑑

小さい頃のプレゼントは「図鑑」で決まり

大公開！　子供を図鑑好きにする方法

1章でご紹介したとおり、図鑑は子供の脳に大きな成長をもたらします。「好き・嫌い」を子供が自分で判断する前から、身近に置いて親しませてあげましょう。

ここでは、具体的な図鑑の効果だけではなく、読み方や買いそろえる際の注意も詳しくお話ししていきます。

また、図鑑を買ったものの、子供が興味を示さなかった、ということもあるでしょう。この場合にも、親の振る舞い方で子供の反応が変わってきます。73ページ以降を見て参考にしてください。5歳以上の子供に、図鑑への興味を持たせる工夫とあわせてご紹介します。

ここが「学校大好き！」「勉強は得意！」のスタートライン

図鑑のすごいところは、初めて図鑑を手にした幼い頃から、学校に行くような年齢、そして大人になってからも「新発見」の宝庫だということです。私自身、大学教授となった今でも、それは変わりません。何歳になっても、図鑑は好奇心を刺激してくれます。

なかでも重視しているのが、図鑑と学習の親和性です。学校に通い始めたとき、図鑑が勉強への心理的ハードルをぐっと下げてくれます。

図鑑で「学校の勉強も大好き！」に

たとえば家に魚の図鑑があって、気に入って眺めていれば、小学校の理科で「魚はエラ呼吸で……」と始まっても、最初は「知っていること」から始まります。

「なんだコレ？　エラって何？」

というところから始まる子供と、

「これは図鑑で見て知っているぞ」

という子供では、その後の意欲や吸収の度合いが違うのは当たり前です。

勉強の内容をすらすらと理解できることで、「自分は勉強が得意」「学校が好き」という気持ちを育《はぐく》むことにもつながるでしょう。

文字への興味もグンと上がる

図鑑が身近にあると、文字そのものへの興味も自然と生まれるようになります。

図鑑には「知りたい」と思わせるしかけが詰まっています。絵や写真を見ているだけでももちろん楽しいのですが、やはり、そこに書いてある名前や説明も読みたくなってくるものです。

「なんて名前なんだろう？」

「どんなことが書いてあるんだろう？」

そんな気持ちが、子供の心にどんどん湧き出てきます。図鑑によって、**世の中のことを知るために文字を覚える**という本質から入ることができるのです。

たとえば、うちの息子は今３歳ですが、恐竜が大好きで、飽きることなく恐竜の図鑑を眺めています。ひらがなはひととおり読めるようになりましたが、それじゃあ肝心の恐竜の名前が読めない！

そこで、カタカナも少しだけ教えたところ、あっという間に覚えてしまいました。

そして、

「これ、『ン』なの『ソ』なの？」

と聞いてくるようになりました。まさに、自《みずか》ら進んで勉強をしたのです。

このように、文字への興味が薄くなりがちな男の子でも、昆虫や恐竜、乗り物の図鑑を通して、カタカナを教えることができます。

図鑑を見ているうちに、ひらがなよりもカタカナを先に覚えてしまうことも少なくないようです。

幼いときに、図鑑によって世の中の広がりや奥深さを学び始めることができれば、成長するに従って、この世界のあらゆることをもっと知りたくなるものです。

「知りたくてしょうがない」。そんな好奇心旺盛《おうせい》な子供にとっては、受験勉強など付け足しみたいなもの。自分自身の力で受験を乗り越え、社会で活躍する大人になっていくでしょう。

そのために最初にできること、それは本当に簡単なことなのですが、**本屋さんに行って図鑑を買ってくること**なのです。

どの子も自然に「文字と仲よし」になれる

「なぜなぜ?」期の、頼れる味方に!

3歳くらいになると、「なぜ?」「どうして?」という質問期が始まります。図鑑は、この時期にもぴったりです。

わからないことがあっても、家の本棚に図鑑が並んでいれば一緒に調べることができますし、それを一緒にめくって調べることが親子のコミュニケーションにもなります。

もし、家事や下の子の育児で手が離せないということであれば、

「じゃあ、あの図鑑で探して、お母さんに教えてね」

と言ってもいいと思います。子供も「お母さんに教えてあげなきゃ」という気持ちで、いつもよりしっかりと図鑑を眺めるはずです。

「今は忙しいからムリ!」

と言って子供をがっかりさせるより、ずっといいですよね。

男の子も女の子も！　理系の能力を伸ばすコツ

「理系の能力を伸ばしたいと思っています。両親とも文系なのですが、伸ばせるものでしょうか？」

こんな質問を受けることがあります。答えは**「理系の能力は、簡単に伸ばせます」**。これも図鑑が解決してくれるからです。

図鑑は基本的に、自然科学がテーマです。各社のラインナップを見てみれば、一目《いちもく》瞭然《りょうぜん》。「動物」「鳥」「魚」「昆虫」「両生類・は虫類」「恐竜」「花」「植物」「野菜・果物」「地球」「岩石」「宇宙」「人体」「昔の生物」「化石」「元素」……。そろえていけば、自然科学への興味が必ず湧いてくるでしょう。

算数パズルを解かせたりするより、ずっと自然な形で理系の世界に入ることができます。

また、「図鑑＝男の子向け」と考える方もいるかもしれません。たしかに私たち親世代は、理系に進むのは圧倒的に男子でした。

しかし、女の子の中にも理系の能力に優れた子、理系が大好きな子はたくさんいます。

それに、将来理系の道に進まなくても、音楽や運動、健康管理、料理や掃除など、日常生活で理系の能力が必要とされる場面はたくさんあります。

そう考えると、女の子だから、理系の力は伸ばさなくていい、ということにはなりませんね。さらにいえば、そもそも「好奇心」には、理系も文系も分けて考える必要もないのです。

親が勝手に、

「うちは娘だから、図鑑はいらないのでは」

「女の子なのに、虫が大好きなんて……」

などと考えては、子供の未来を狭めることになりかねません。それよりも、どんな世の中でも自分の力で生きていけるように、子供の頃から準備させてあげるのが、親の役目ではないでしょうか。

子供が自分で自分の将来を切りひらいていけるようになるために、図鑑ほど有効なものはない。男の子も女の子も、それは同じだと思います。

いつ買う？　どう読む？——わが家の秘訣

図鑑の読み方に正解や不正解はないと思います。

読み聞かせてあげてもいいですし、私が普段しているように、親自身が自分の好きな図鑑をじーっと読んでいるだけでも大丈夫です。子供もつられて図鑑をじーっと読み始めるでしょう。

もし子供が質問してきたら、そのときにはいろいろ教えてあげればいいと思います。

大切なのは、「親も図鑑が好きだ」というのを、何らかの形で子供に示してあげること。

そしてなるべく、図鑑を読むのを習慣にすることです。そうすると、子供は親をマネて、自分で図鑑を読むようになります。

たとえばわが家は、寝る前が息子と私の「図鑑の時間」です。最近は、息子は寝る準備が終わると、自分で図鑑をベッドに持って来るようになりました。

お風呂に入って、ご飯を食べて、歯を磨いて、トイレに行ったら、図鑑。そんな習慣が定着しています。

読む時間の長さは日によって違います。10分や20分で終わるときもありますし、週末など、時間に余裕があるときには1時間近く読んでいることもあります。

心がけているのは「短時間でもいいから、できる範囲で毎日」ということです。続けるために無理をしすぎないことも大切です。

図鑑の買い方やそろえ方にも正解はないと思いますが、シリーズを全巻いっぺんに買うよりも、少しずつ買い足していくのがいいのかなと思います。

いっぺんに買ってしまうと、親のほうでも「読まない図鑑がもったいない」という気持ちになり、「押しつけモード」になってしまうかもしれません。

もともと興味を持っていても、「押しつけられている」と感じたら、子供はかえって図鑑を見たがらなくなってしまうでしょう。

1冊1冊、見終わる頃に一緒に本屋さんに行って、次に読む図鑑を子供と一緒に選ぶようにすれば、子供自身も「これは自分の図鑑だ」という愛着が湧きます。また、子供との大切なコミュニケーションの機会ともなるでしょう。

男の子であれ、女の子であれ、歩き出し話せるようになると、「はっぱ」「おはな」「いし」「だんごむし」「どんぐり」「いぬ」「くるま」など、目に入るもの、手に触れるものに、必ず注意をひかれるものです。

その時期に合わせて買いそろえていくと、自然に読み始められていいと思います。

「図鑑に無関心」にきく特効薬！

5歳以上の子を「図鑑に夢中」にさせるには？

子供があまり図鑑に興味を示さなかったり、5歳になるまでに図鑑を与えることができなくて「図鑑は嫌い」なんて言われてしまったら？

もしそうだとしても、いくらでも挽回は可能です。子供が「嫌いだ」と言ったその図鑑を、親が楽しそうに読んでいればいいのです。

子供は親のことをよく見ていますから、きっと「親が楽しそうに見ている図鑑」を、横から覗《のぞ》いて読み始めます。

最初はただ親のマネをしているだけかもしれません。その場合は、さらに図鑑に書かれていることを話題にして少し話をしてあげると、自然に内容への興味が湧いてきます（子供の図鑑は簡単に書いてあるので、親の苦手な分野でも安心です）。

たとえば私の場合は、子供がまだ自分で読めない文字があったり、解説が難しかったりするところは、子供がじっと見ている絵に添えてある文章をかみ砕いて説明しています。

見ているのが恐竜の図鑑なら、

「ジュラ紀にはブラキオサウルスがいたんだね」

「ティラノサウルスは白亜紀《はくあき》の恐竜だね」

など、図鑑に書いてあることを声に出して読んであげる。それだけで、子供の〝くいつき〟は変わります。

きちんと説明すれば、子供もたいていのことは理解できますし、今は細かくはわからなくても「大昔だ」ということくらいは頭に入るものです。

もっと大きくなって「昔」というのを区切って考えられるようになったときに、頭に残っていた「ジュラ紀」「白亜紀」などの知識が生きてくれば、それでいいと思います。

このとき、

「この言葉は知らないはずだから」

「子供には難しすぎるだろう」

と、知識を制限する必要はありません。脳の観点から見れば、子供は大人よりもずっと知識を取り入れやすい時期にあるのですから。

また、子供は、親との会話から、内容以上にたくさんのことを学んでいます。表情や言い方から相手の気持ちをくみ取ったり、それに合わせて自分の行動や話し方を変えたり……。

もし、大人が「これはまだ知らなくていい」と、子供の好奇心を無意識に制限してしまえば、子供も素直に好奇心を伸ばすことができません。

子供は親の反応に敏感ですから、「このくらいでいい」と自分に制限をかけてしまうことになるのです。

親のこのひと言で、効果がさらに倍増

親が図鑑を見ていても子供が興味を持たないようなら、普段の会話も少し工夫してみましょう。

たとえば子供が、拾った落ち葉を「はっぱ！」と見せてくれたら、

「何のはっぱかな？」

「帰って図鑑を見てみようね」

すると、「はっぱには種類があるのか」「図鑑でわかるのか」ということが、だんだん子供にも理解できるようになります。自ら学ぶ姿勢というのは、こうやって徐々に

つくられるのかもしれません。

反対に、もし親が、

「汚いから捨てなさい!」

「そんなことしてたら、幼稚園に遅れちゃう! 早くしなさい!」

などといつも言っていたら、「もっと知りたい」という気持ちは育ちにくくなってしまいます。好奇心の扉も、そこで閉じてしまうことでしょう。

そうではなく、たとえば入道雲を見た日であれば、夕食のときなどに、

「どうして雲ができるか知ってる?」

というふうにクイズを出してみてはどうでしょうか。子供はきっと、正解にはたどりつきませんが、自分なりに考えた答えを言ってくれるはずです。そこからいろいろな話へと広げていくのです。

そして、子供が十分に考えた頃を見計らって、「雲っていうのはね……」と答えを

教えて図鑑を見せる。親子の会話としても、楽しいひとときになるでしょう。

また、私は息子に、**1日ひとつは新しいことを教えてあげよう、**ということも決めています。

新聞や本で読んだことでもいいですし、人から聞いた話でも、図鑑で読んだ話でも何でもいいのです。国の名前だったり、星だったり、動物だったり、昆虫だったり、いろいろな話をしています。

「こうすれば、息子はもっと興味を持つかもしれない」

そう感じることは、何でも試してみるようにしています。

クイズを出したり新しいことを教えるのは、知識を暗記させることが目的ではありません。**ただ好奇心を持ってくれさえすれば、99％忘れてもいい**のです。

親子の会話に、遅すぎることはありません。

小学生でも、中学生でも、今日の夕食から始めてみてください。

秘密道具その2：虫とり網

外で一緒に「本物《リアル》に触れる」

「わが子の秘密道具」を見つけよう

図鑑を買ったら、さあ次は？

そう、次は26ページでご説明したように、「バーチャルとリアルを結びつける」工夫をしましょう。ここは、親の知恵の絞りどころです。

ここで必要な道具は、子供がどの図鑑で何に興味を持ったかで変わります。**わが家の場合は虫とり網です。**私自身、子供の頃からずっとチョウチョが大好きなので、私も一緒に楽しんでいます。

図鑑でアゲハチョウを見つけたら、虫とり網を持って公園に探しに行く。公園でモンシロチョウを見つけたら、図鑑の中にモンシロチョウを探す。

「バーチャル（図鑑）の情報」と「リアル（現実の世界）の体験」を、結びつける努力を日常生活の中でどれだけできるかで、子供の好奇心の育ち方は変わります。

電車が好きなら……カメラ？　時刻表？

魚が好きなら……釣《つ》り竿《ざお》？　網？

花が好きなら……虫メガネ？

星が好きなら……望遠鏡？　遮光板《しゃこうばん》？

これが好きなら絶対このアイテム！　と決めつけないで、図鑑と現実をつなぐ道具を探してみましょう。それが子供の好奇心を伸ばす、２つ目の秘密道具になるのです。

だから、「もっと知りたい気持ち」が育つ

実際に道具を持って外へ出ることで、図鑑の中の情報が現実世界と結びつきます。それをきっかけに、子供の好奇心は大きく育っていきます。

想像してみてください。

「かっこいいな〜」と図鑑でトラを眺めていたら、ある日、お父さんが動物園で本物のトラを見せてくれた。その迫力は図鑑とは比べものになりません。子供の心は、ワクワクとドキドキでいっぱいになります。もう、トラの檻《おり》の前から一歩も動かない！家に帰ってからも、動物園で録音した「ガルルル」というトラの鳴き声を、何度も繰り返し流して、聞けば聞くほど夢中になっていくようです。

そんな経験、皆さんにもあるかもしれません。

リアルからバーチャルにも結びつきます。

道端《みちばた》に咲き出した色とりどりの花。虫メガネでじっくり観察していたら、お母さんが、「図鑑に出ているかもよ」と花の図鑑を手渡してくれました。子供はそこに、外で咲いている花と同じものを見つけます。

これは子供にとっては「大発見」。まるで新種の植物を見つけたような気持ちになるはずです。そして、

「この花にはいろんな種類があるんだ」

「花と思っていたら、この部分は本当は『はっぱ』だったんだ」

など、ひとつのリアルな花から、図鑑の中の情報の海へと航海が始まるのです。

バーチャルとリアルを結ぶことで、子供の好奇心を刺激できれば、子供は自ら学びを深めていきます。本人たちも、「自分が努力して勉強をしている」という意識は持たないものです。

伸びる子の親というのは、バーチャルとリアルを結びつけ、子供の好奇心を強くする取り組みを「意識的に」行っているのだと思います。

「図鑑＋リアルな体験」で脳の成長が加速！

日常生活が「学びの場」になるこのアイデア

普段の生活の中でも、図鑑の内容と現実の世界を結びつける機会はたくさんあります。

たとえば夜、外に出たときに、ひときわ明るく光る星がある。

「あれは金星なんだよ」

と教えてあげれば、これも立派なバーチャルとリアルの結びつきです。

親自身があまり星に詳しくなければ、月だっていいのです。子供は月を見ただけでも喜びますから、そこで、

「今日はきれいな三日月だね。月は地球の周りを回っている衛星なんだよ。衛星というのはね……」

と説明する。衛星を教えたら、次は惑星、次は恒星《こうせい》というふうに順番に話をしていけば、子供はストレスもなく覚えたり、それぞれの関係をイメージしたりできるでしょう。

学校に上がってから「惑星は恒星の周りを公転している。そして、衛星は惑星の周りを公転している」と学習するときにも、幼い頃からの体験が蓄積されているので、まっさらな状態から入るよりも、ずっと楽に理解し記憶できます。

「月は地球の衛星だとお父さんが言っていたな」と思い出すこともあるでしょう。**図鑑の知識と自分の体験が一体になると、記憶はさらに強化される**ものです。

私も暇さえあれば息子を野山に連れ出しています。先日、息子が野に咲く小さな花を指さして、「ヒメジョオンだ」と言ったときは、よく図鑑からこんな小さな花がわかったものだと感動しました。

「自然は最大の教師なり」。本当にそのとおりだと思います。

家族旅行・お出かけ……「親子の楽しみ」が子供を伸ばす

「バーチャルとリアルを結びつける」というのは、実際にやってみると、大変だと思うこともあるかもしれません。

小さいお子さんを抱え、毎日忙しいお父さんやお母さんは、「子供が動物を見たがってるけど、土日くらい家でゆっくりしたい……」という気持ちになるでしょう。「子供のリクエストどおりに出かける」ということ自体が難しい場合もあり得ます。

そういう場合には、**親自身の興味や家族のイベントを、バーチャルとリアルを結びつける機会にすればいい**と思います。

子供は親が好きなことはたいてい好きになりますし、親と一緒に何かをすることが大好きです。親が虫を苦手なら、無理に野山に行かなくても、親子が一緒に楽しめる分野で「バーチャル+リアル」を実践していけばいいのです。

両親が旅行好きなら、旅行の前にちょっと予習をして、歴史や文化について、簡単にでも説明できるようにしてから出発するといいですね。旅先でその説明を子供にしてあげるだけでも、子供にとっては目の前の現実（リアル）と情報（バーチャル）が結びつく、いい刺激になります。

歴史を中心に書かれたガイドブックなどもありますから、そういったものを利用してもいいと思います。

車好きのお父さんなら、モーターショーのようなイベントに行くのでもいいでしょう。

私自身、小さい頃から車が大好きなので、今でも子供を連れてよく出かけます。単にメーカーや車種などの名前だけを教えるのではなく、どの国のメーカーなのかに注目すれば立派な地理の話になります。

あるいは、エンジンの構造やデザインなどに踏み込んでいけば、これも立派な科学です。

私自身は車にあこがれがあったので、「将来こんなかっこいい車に乗りたい」と思うことも、勉強を頑張るモチベーションになりました。そういった副次的な効果もあるかもしれません。

この「ちょっとの手抜き」で子の「やる気」がアップ！

バーチャルとリアルを結びつけるコツは、「子供に知識を覚えさせよう」というよりも、もう少し肩の力を抜いて、「家族みんなで楽しもう」という姿勢でいることです。

親自身に知識をつける時間がなければ、

「アレは何だろうね」

「どうしてこんなふうになっているんだろうね」

と子供に聞いてみるだけでも、子供の好奇心は刺激されます。

思いも寄らないタイミングで、

「お父さんが見てたアレ、図鑑で見つけたよ」

なんて言ってくれるかもしれません。

ただ一緒に何かをするだけでも、親子の会話も多くなりますし、子供も「もっとお父さん、お母さんとアレをしたい、ココに行きたい」という気持ちになるものです。

そこからまた、新たな好奇心が芽生えていくでしょう。


子供の好奇心を育てるためには、親にはある程度の努力が求められますが、必ず、**かけた手間と労力以上の子供の成長となって返ってくる**はずです。できることから始めてみてください。

秘密道具その3：楽器

最初の習い事なら「音楽」がベスト

年齢ごとの習い事で、才能の伸び方がハッキリ変わる

「どんな習い事をさせたらいいでしょうか」

自分の子供を才能豊かに育てたいと願う気持ちは皆、同じ。このような質問を受けることも、よくあります。

脳の発達から見ると、年齢ごとに合った習い事があるように思えます。

最初の習い事は3歳くらいからでしょうか。その頃の習い事としては、ピアノをは

じめとする楽器がおすすめです。

その時期は特に音感やリズム感が身につきやすい、ということもありますが、楽器はそれ以上のパワーを秘めています。

端的にいってしまえば、「賢い子」「好奇心旺盛な子」に育てる上で、この時期の楽器は非常に効果的なのです。

音楽が英語の力を伸ばす!?　脳の意外なネットワーク

脳は、体の動きを司《つかさど》る領域、視野を司る領域、音を司る領域、言語を司る領域など、だいたいのエリアごとに働きが決まっています。

そのたくさんある領域の中で、実は、音を司る脳の領域と、言語を司る脳の領域は、非常に近いところにある、というより、ほぼ重なっているといえるのです。

3、4歳といえば、ちょうど言葉の発達の時期と重なります。ですから、このときに楽器を演奏することで、言葉の領域にもよい刺激がいくと考えられます。

特に男の子は、言葉への興味が湧くのが遅いことも多く、「なかなか言葉が出てこない」と悩んでいる方も多いようです。そんなとき、無理やり書き取りなどをさせると、子供が文字を嫌いになって、かえって逆効果になってしまうこともあります。

そのようなときこそ、音楽を利用して、脳に言葉を受け入れる準備をさせておくというのは、子供にストレスのかからない、よい方法だと思います。

また、音楽は、将来的に外国語を習得したいときにも役に立つのではないか、というのが私の考えです。

正式に統計をとったわけではありませんが、バイリンガルレベルで英語を操る人というのは、子供の頃にピアノを習っていた人が多いように感じるのです（帰国子女など、どうしても英語を話さなければいけない環境にいた人は除きます）。

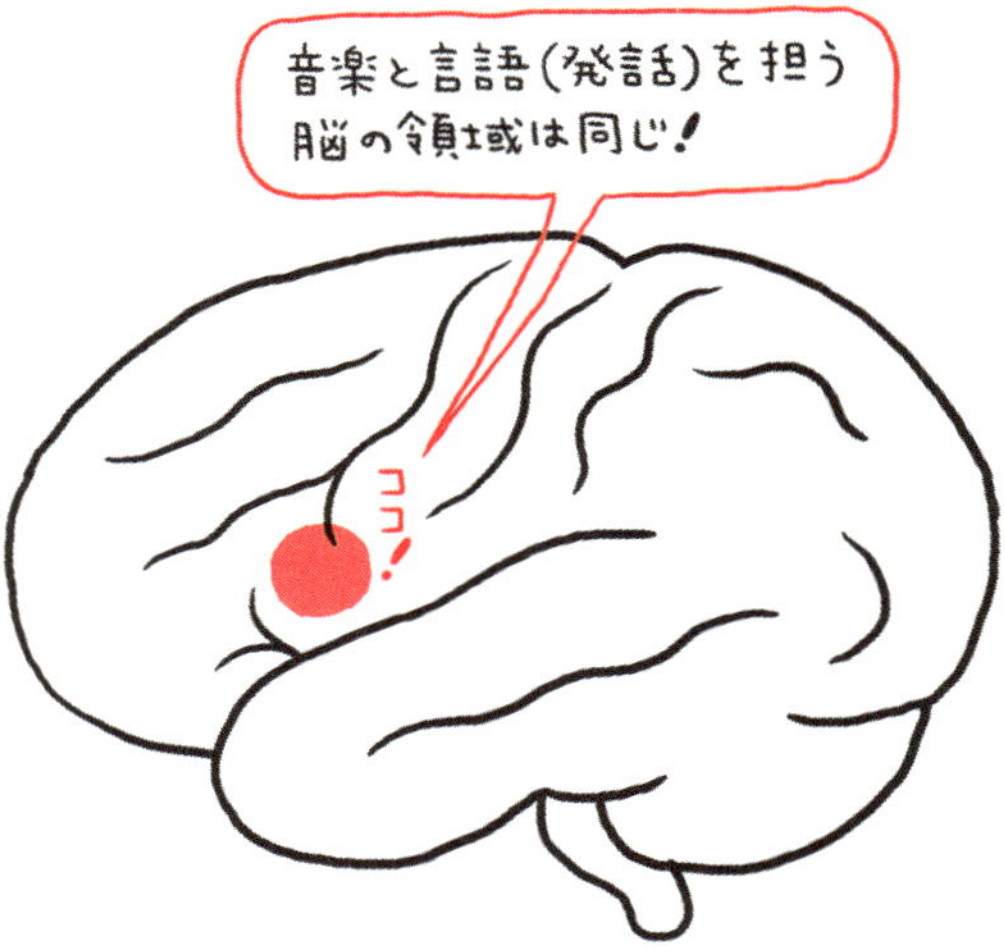

幼い頃の「音楽」が「英語学習」に役に立つ理由

〝L〟と〝R〟、〝B〟と〝V〟などの発音の違いを聞き取る「耳の力」は、第二言語として英語を習得する上では必須です。その基礎を、幼い頃の音楽教育によって身につけておくことは、後のスムーズな英語習得につながります。

もちろん、この「耳の力」は、英語だけに必要なわけではなく、世界中のあらゆる言語の習得に応用できます。

幼い頃から音楽を聞いたり演奏をするのは、将来、外国語を獲得するための素地をつくっているようなものなのです。

だから、音楽は幼いうちに始めたほうが絶対いい

音楽のいいところは、その好奇心が持続しやすいところです。

小さい頃に始めた音楽を、定年退職後も続けている方はたくさんいます。楽器その

ものへの興味ももちろんですが、音楽を通じてあらゆる方面へと知的好奇心が広がるので、飽きることがないのです。

歴史、文化、楽曲、音楽家、楽器の構造……鑑賞や演奏より一歩踏み込んで音楽と接している方も多いのではないでしょうか。

さらにいえば、人とのコミュニケーションに至るまで、音楽の力は及びます。

私は仕事がら、その道の第一人者や企業のトップの方々とお会いすることも多いのですが、その方々と音楽の話で盛り上がることが多々あります。

皆さん、忙しい中で、音楽を楽しむ時間をとっている。その事実を知ったことは、私にとって大きな発見でした。

音楽は、その人の好奇心と人生とを、一生涯を通じて豊かに広げてくれます。そしてそのスタートは、幼い頃に始めたピアノかもしれないのです。

「音楽への興味」の高め方

赤ちゃんに楽器を与えると、多くの子は、たたいたり振ったりして音を鳴らします。そこから音に興味を持たせ、楽器の習い事まで持っていくのが理想ですが、もし楽器に全然興味を持たないなら、親がまず音を鳴らしてみせてください。

実は、わが家がまさにこのパターンでした。

私自身が子供の頃にピアノをやっていたこともあって、息子にもピアノを習わせようとしたのですが、ちっとも興味を持ちません。それで、自分が弾くようにしました。子供に、自分がピアノを弾いて楽しんでいる姿を見せるようにしたのです。そうしたところ、狙いどおり、息子も私のマネをして鍵盤《けんばん》をたたき始めました。

それをきっかけに興味が芽生えてくれたようで、今では、ピアノを適当に弾きながら、自分で適当に作詞作曲した「恐竜のうた」を、ひとりで「弾き語り」しています。

結局、子供に何かをさせたいなら、親が自らして見せるのが一番の近道だというのを、改めて実感しました。

一緒に楽器を演奏できるようになれば、家族みんなで楽しむことができます。子供がピアノ、お父さんがギター、お母さんが歌で、家族楽団の完成です。

音楽が家族行事のひとつになれば、親子ともに脳にいい効果が望めるでしょう。

これまでお話ししてきたように、子供の脳にとっては、複数の領域での成長につながる刺激となります。

さらに親にとっては、音楽という趣味が、脳全体を活性化させ、認知症のリスクを下げることが、最近の研究からわかってきているのです。

3つの秘密道具でモチベーションも成績も上がる理由《ワケ》

「ひとつの得意」が「いくつかの苦手」を引っ張り上げる

お話ししてきたような「3つの秘密道具」を使っていくうちに、お子さんの興味の方向が見えてくると思います。

動物、ロボット、鳥、電車、ダンス、歌、バイオリン、サッカー……。どんなものでもいいので、お子さんが好きになったことを、積極的にサポートしてあげましょう。

宙《そら》君は、その名前のとおり、宇宙が大好きな男の子です。図鑑も本もマンガも宇宙に関するものしか読んでくれないと、お母さんは悩んでいました。

でも、それでいいと私は思います。子供の好奇心に従って伸ばしてやることが、脳

ひとつの興味が他の成長も引っ張っていく(＝汎化)

のより豊かな成長につながるからです。

脳には「汎化《はんか》」という特徴があります。

これは「何かひとつの能力が伸びると、それに直接は関係しない部分の能力も伸びていく」というものです。

宇宙が好きで星の図鑑ばかりを見ているうちに、言葉の能力も伸びていく、というようなことです。

何かひとつの分野に集中して取り組むと、脳内で、それに関連する神経細胞のネットワークが強化されます。それにつられて、他のいろいろな部分のネットワークも最適化されるために、このような現象が起こると考えられています。

つまり、何かひとつでも秀でた能力があると、それにつられてその他の能力も底上げされるのです。

脳が、「汎化」という特徴を持っている以上、**「何か得意なことがある」ということは、それだけで、脳全体の機能をアップさせることにつながります。**

先ほどの宙君の例であれば、宇宙のことを学ぶうちに、他の能力も少しずつ伸びていくでしょう。子供が何かにのめり込むことは、脳にいいことはあっても、悪いことは何もないのです。

もちろん、勉強においても同じことが起こります。

苦手教科があると、親はついそれを勉強させようとします。苦手を克服させたい、という気持ちはわかりますが、そうして子供の好奇心を奪ってしまえば、本末転倒です。**まずは得意科目を徹底して伸ばしたほうが、成績全体が上がりやすくなるといえ**

ます。

子供の自信という面から考えても、得意なことを伸ばしてあげることは、正しい勉強法だと思います。

受験を難なくクリアする「努力の仕方」

そうはいっても、受験や試験の前などは、苦手科目を放置することはできませんね。そんな場合にも、得意科目を徹底的に勉強した経験が生きてきます。

何かを極めると「どうやったら極められるか」がわかるようになるからです。好きなことに没頭するうちに、そこから「努力の仕方」や物事の「習得のコツ」を学んでいるのです。

ある小学2年生の女の子は、今、「百人一首」に夢中になっています。その子の取り組み方を見ると、子供は遊びや趣味を通して努力の仕方を学んでいるのだと、改めて気づかされます。

まず、その子は百人一首の100枚のカードのうち、いつも20枚を持ち歩き、少しでも時間があると、繰り返し読んで暗記をしています。わからないことが出てくると、子供向けの解説書で確認します。1日の終わりにはお母さんに20枚の札を読み上げてもらい、何分で取れるかタイムを計ります。

さらに、他のことをしているときでも、お母さんが「花の色は～」「これやこの～」と上の句の最初の言葉を投げかけてくれれば、すかさず続きを暗唱します。

こうして少しずつ百人一首をマスターし、今度、大会に出ることにしたと言っていました。

すごい熱意です。でも、本人は好きでしていることなので、努力しているとは感じていないはずです。

これだけのことをもし強制されたとしたら、「百人一首」など見るのもイヤになってしまうはずです。好きで、好奇心を持っているから、努力を努力と思わずに続けられるのです。

この女の子の成績はわかりませんが、きっと将来、勉強上手な賢い子になると思います。

意味を理解する。暗記すべきものは繰り返し読む。理解をサポートしてくれる本を読む。わからない単語はすぐに調べる。時間を計ってテストする。寝る前に暗記したものを見返す。確認のために復習をする。

その一連の手順が身についているのですから。さらに、試験などの目標を決めてモチベーションの維持までしていて、まさに大人顔負けです。

こうして子供たちは、「努力のコツ」を身につけていくのです。

「頑張らずに上達する子」はココが違う！

もちろん、百人一首と受験勉強は違います。しかし、自ら身につけた「努力のコツ」は、さまざまなジャンルに応用できます。

自分に何が足りないか、そのために何をしたらいいかを考える。誰に質問したらいいのか、どのように練習をすればいいのかを見極め、実行する。上達するための本質は、結局何についても同じだからです。

勉強も仕事も趣味も、何においても、自分の頭にできている「物事を達成するための目次」のようなものに、あてはめていけばいいのです。

たとえ苦手なことであっても上達が早くなり、克服することができるでしょう。

「賢い子」というのは、「努力を努力と思わず続けられる子」、もしくは「努力のコツを知っている子」のどちらかだと思います。その両方を兼ね備えている場合もあります。

特にこれからの子供に必要とされる英語の能力に関しては、はっきりいえば**「努力の差＝能力の差」**です。日本で生活しながらバイリンガルに近い能力を獲得している方というのは、相当に努力しているものです（もちろん「英語が趣味」という方もいます）。

努力も結局、好奇心に関わってきます。**好奇心があれば、努力が努力ではなくなるからです。**

繰り返しになりますが、幼いうちはいろいろなことを手広くやらせるよりも、がつんと好きなこと、得意なことを伸ばしてあげてください。

努力の仕方を、好きなことで学ぶという意味でも、子供の好奇心を伸ばしてあげることは、とても大切なのです。

③

芸術・語学・運動能力……
才能とセンスは「始める時期」で決まる

なぜ「取り組む時期」で「伸び方」がここまで違うのか

子供には、才能豊かに育ってほしい。

何が向いているのかを見つけてあげたい。

それで、ついたくさん習い事をさせて、子供を「習い事漬け」にしてしまう、その気持ちはわかります。

でも、脳の成長の特徴を知っていれば、一時期にそんなにたくさんの習い事を子供にさせる必要はありません。

思い出してください。

使う脳の部分によって、伸ばしたい能力によって、成長の始まるタイミングは違います。脳は、そんな性質を持っているのです。

ある能力が一番伸びやすい時期に、その能力に関係する習い事を始める。次の時期になったら、違う習い事を試してみる。

それを繰り返すことで、子供の能力を効率的に伸ばすことができますし、子供自身が感じる学習ストレスを大幅に減らすことができるのです。

本章では、何歳頃にどんなことを始めるとよいのかを、年齢別に見ていくことにします。

図鑑・絵本・音楽
0歳〜
くまさん
ねこくん
ずかん
3〜5歳
楽器・運動

時間もお金もなるべくかけずに、
子供の才能を伸ばせる時期は？

「脳の成長年齢マップ」

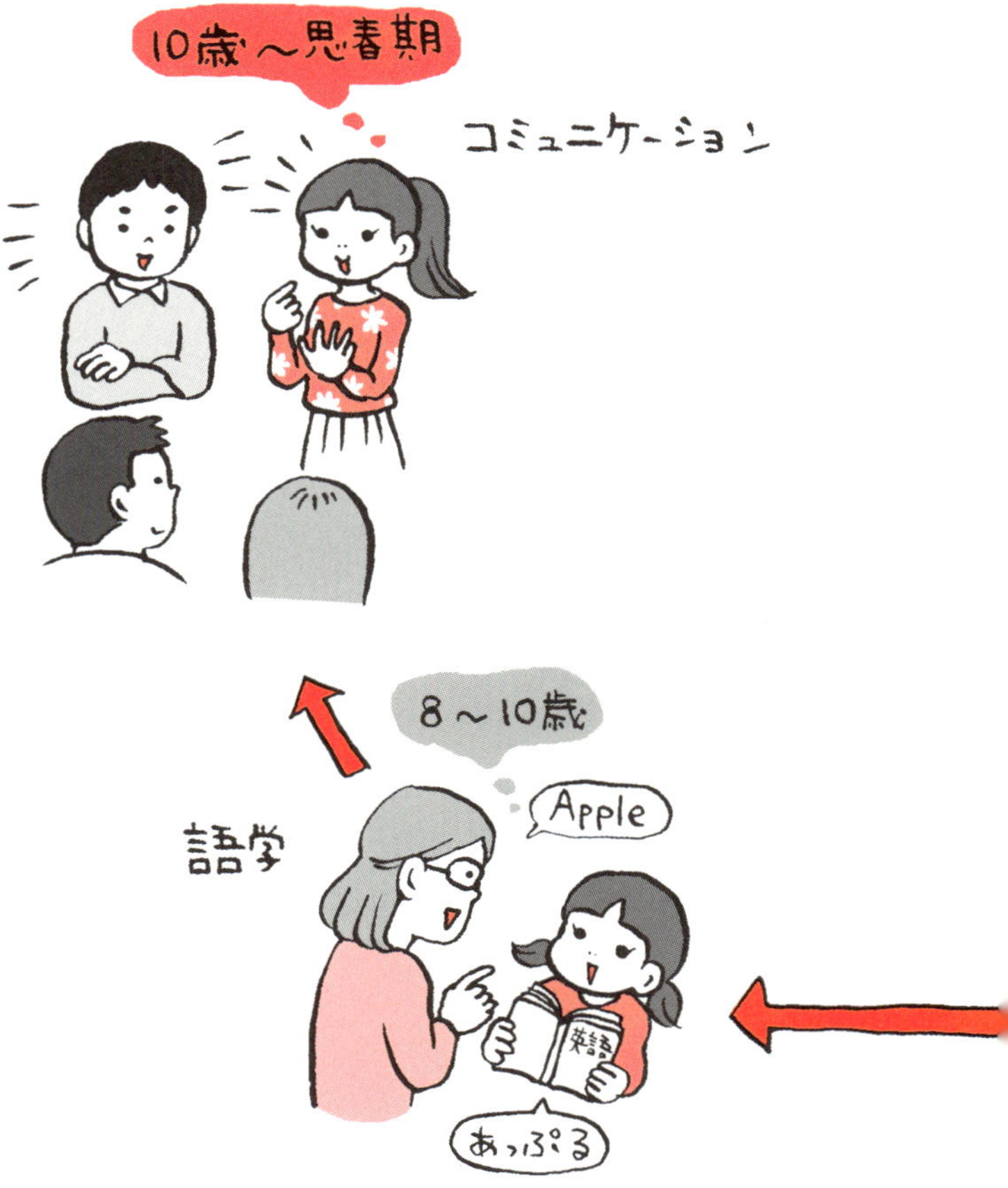

0歳〜：図鑑・絵本・音楽

「感覚」と「感性」は目と耳で磨かれる

「見極める目」「鋭い耳」が人間性の土台になる

子供が「好き・嫌い」の判断を自分でするようになる前に、図鑑や音楽と接しましょう。脳がたくさんの情報を受け入れられるように、態勢を整えるのです。

視覚や聴覚は生まれてすぐに、すさまじいスピードで発達します。

ですからこの時期に、図鑑や絵本で絵や写真をたくさん見せ、読み聞かせをするということは、赤ちゃんの脳の発達にとってプラスとなるでしょう。

お母さんは虫が嫌いだから、虫の図鑑は置かない、などと大人を中心に考えるのではなく、なるべくいろいろなジャンルに触れさせてあげることが、将来の可能性につながります。

音楽を聞かせることも、0歳からできることのひとつです。

クラシック音楽をBGMとして流しておくなど、さりげない形で音楽を日常に取り入れ、赤ちゃんの耳の力を伸ばしてあげましょう。音感の下地になりますし、将来的に楽器を習わせる際の準備にもなります。

最近では、親子で楽しめるコンサートもありますから、どんどん利用できるといいですね。

もちろん、クラシックにこだわらず、親の好きな音楽のジャンルでも、同様の効果があるでしょう。

3～5歳：楽器・運動

音楽、スポーツの才能が花開く時期

「器用な手先」は、親がつくってあげるもの

繰り返しになりますが、楽器を始めるならこの、3～5歳の時期がおすすめです。楽器は子供の言語力を伸ばすことに加え、さらに身体面の能力を伸ばしてくれます。

ほとんどの楽器は、演奏するときに指先や手首周辺の細かい動作がセットになります。この細かな運動を「巧緻《こうち》運動」といい、巧緻性、つまり器用さは、この3～5歳の時期に身につきやすいことがわかっています。

巧緻運動を司《つかさど》る「運動野」と呼ばれる部分は、3〜5歳前後に発達のピークを迎えます。「楽器は3歳から」と2章でお伝えしたのは、ここに根拠があるのです。

また、楽器以外でも、3〜5歳くらいでフィギュアスケートやバレエ、卓球といった細かい体の動きをともなう運動を始めると、効率よくその能力を獲得できるものです。なかでも、微妙なバランスや器用さが必要とされる種目は特に、この時期からのスタートが大きなプラスとなります。

たとえば、ヴァイオリニストの五嶋《ごとう》みどり氏、五嶋龍氏は2人とも、3歳からレッスンを始めています。卓球の福原愛選手、体操の内村航平選手も3歳からのスタートです。

この時期に楽器や運動を始めたことで身につけた能力は、将来、種類や競技を変えたとしても「基礎的な能力」として、その子のプラスになるはずです。

「東大生の習い事はピアノ」という統計が教えてくれること

この時期、特におすすめの習い事は、やはりピアノでしょう。

ピアノは、私が子供の頃から、習い事の王道として変わらない人気があります。それは脳医学での証明のあるなしにかかわらず、「子供によさそうだ」ということを、親御さんが肌感覚でわかっているからかもしれません。

左右の手で別の音を弾くピアノは、練習をすればするほど、左右の脳をつなぐ「脳梁《のうりょう》」という神経線維を発達させます。

また、考えながら手を使うので、脳と手をつなぐ「錐体路《すいたいろ》」という神経ネットワークの発達も見られます。脳だけでなく、手と脳をつなぐ道も鍛えられるというわけです。

電子ピアノでしたら比較的安価で手に入りますし、ピアノ教室も周りにたくさんあるでしょう。そういった意味でも始めるハードルは比較的低いと思います。もちろんピアノ以外の楽器でもかまいません。

２０１５年末、国内の大手電機メーカーが、「東大をはじめとする国内難関大学生の約半数は、ピアノを習ったことがある」というアンケート結果を公表しました。

もちろんピアノを習えば東大に入れる、という話ではありませんが、**ピアノを習うことで脳の発達が進む**可能性は、おおいに期待できそうです。

努力は「生まれつきの才能」を超えられる？

ピアニストやヴァイオリニストなどは、生まれつきの才能によるのでは、と考える方もいるかもしれません。

たしかに、音楽家の脳画像を解析すると、「芸術に関わる脳の領域が大きい」という結果が出るでしょう。

しかし、それはすなわち、子供の頃からの日々のトレーニングが「脳を育てた」結果であって、その逆ではないのです。運動や勉強に関しても同じです。

脳には「可塑性《かそせい》」という特徴があります（47ページ）。可塑性とは「自《みずか》らを変化させる能力」のこと。これは子供の脳にも大人の脳にも共通する性質です。

年齢が低いほど脳が変化、成長し、能力を獲得しやすいのは事実ですが、たとえお年寄りであっても、学べば脳は成長します。

巧緻運動の能力が伸びやすい3～5歳の時期に、楽器や運動を始めること。その時期を過ぎていても、やれば脳が成長していくこと。

この2つは、覚えておいてほしいと思います。

絶対音感・相対音感を身につける

3～5歳の時期に楽器を習うことのメリットは、他にもあります。絶対音感、相対

音感といった「音感」が身につきやすくなるだろうということです。

「音感が幼い頃の訓練でしか身につかない」といわれるのは、脳科学の側面から見れば、聴覚の発達との関わりが考えられます。

聴覚の発達は生後早い時期から始まり、3～5歳くらいの間にはある程度完成してしまうので、絶対音感を身につけるには、聴覚が完成する前のトレーニングが必要ということかもしれません。

ただ、音楽と言葉というのは脳の中の非常に近い場所で情報が処理されるため、あるいはもう少し後でも絶対音感の獲得は可能であるかもしれません。研究が待たれる分野です。

8～10歳：語学

「英語教育は早く始めるほどいい」は誤解だった

「8～10歳の英語がベスト」な脳の事情

言語の発達は、8～10歳にピークを迎えます。これは母語の発達を見れば明らかです。

小学校低学年までは、どこかたどたどしかった言葉づかいも、10歳前後で急にスムーズになり、大人と同じような話し方をするようになります。

また、先生や目上の人には敬語を使うなど、相手によって言葉や口調を使い分ける能力が身につくのもこの時期です。

語学の力が総合的に伸びていく8～10歳の時期は、外国語の習得を見てもひとつのターニングポイントとなります。

この時期より前に海外に住んでいたり、英語のリスニングやスピーキングを積極的にしていた子供は、後に英語の能力が伸びる可能性が非常に高くなります。

ところが、私たち親世代の英語教育は、中学校に入ってから、文法中心の学び方でした。これでは苦労して当たり前です。音や言語を獲得しやすい時期を逃してしまっているのですから。

大人になってからバイリンガルに近い能力を獲得しようとすると、何百時間もの勉強が必要といわれるほど、英語教育を始める時期は重要です。

今は10歳くらいから英語教育を始める方向に変わっていますね。この文部科学省の決断は、脳の成長に沿ったものだと思います（欲をいえば、もう2～3年早いほうがいいですが）。

特にリスニングとスピーキングを伸ばすためには、8～10歳くらいの、言語能力の発達が著《いちじる》しい時期に始めておくことをおすすめします。

「0歳から英語」は子供のため？　親のため？

ところで、英語に関しては、「超早期教育」ということを聞きます。「早ければ早いほどいい」とばかりに、「0歳から英会話教室に通う」などということです。

たしかに、超早期教育を受けた子供の多くは英会話ができるようになるそうです。

しかし、成長を長い目で見たときに、その「超早期教育」の意味がどれほどあるのかということは、まだわかっていません。かけたお金や時間の分の効果があるかどうかは、まだハッキリしていないのです。

それどころか、言語能力のネットワークがまだ不完全な脳に、半《なか》ば強制的に英語を学ばせるということは、子供に余計なストレスをかけてしまう可能性があります。

後でも紹介しますが、成長期におけるストレスというのは、大人が感じるストレスとはまた別の、成長を妨げる要因になってしまうこともあるのです。

これらのことを考え合わせると、「将来的には英語を話せるようになってほしい」と思っていても、「超早期」に英語を始めるならば、その分の時間を「音楽」に割《さ》いたほうがよさそうです。

音感、リズム感、運動能力の獲得に加えて、言語能力の土台をつくることができるのですから。

10歳～思春期：社会性・コミュニケーション能力

「誰と出会い、どう過ごしたか」がもっとも大切なとき

赤ちゃん同士はめったに一緒に遊ばない⁉

脳の中には、思春期になってようやく著しい成長を迎える部分があります。コミュニケーションや、対人関係に関わる部分です。

もちろん、この時期までまったく成長しないわけではありません。生まれてすぐに、赤ちゃんは母親とコミュニケーションをとり始めます。そして家族、友達と、コミュニケーションの輪は広がっていきます。しかし、10歳頃までのコ

ミュニケーションの範囲は限定的です。

たとえば1〜2歳くらいの子供は、友達と同じ部屋にいても、一緒に遊ぶということはあまりありません。多くの子は、それぞれが自分の好きなことをしていることが多いはずです。

幼い子供には、周りと広くコミュニケーションをとる能力が、まだまだ培《つちか》われていないのです。

幼稚園や学校といった集団生活の中で、子供たちは少しずつ社会性を獲得していきますが、大人と同じくらいまで成長するのは10歳以降の思春期の頃です。この時期に、脳の中でもコミュニケーションを司る部分が発達するのです。

最近、公園で友達同士が集まっても、しゃべりもせずにゲームをしている小学生、中学生を見かけることがあります。せっかくコミュニケーション能力をグンと伸ばせる時期なのにもったいないことです。

たとえば友達と遊ぶこと、クラブ活動や部活動で切磋《せっさ》琢磨《たくま》すること、近所の大人や年下の子供と接することも、コミュニケーション能力を磨く大切なレッスンです。

今やほとんどの男の子がゲーム機を持つ時代。男の子は女の子に比べてコミュニケーションが苦手な子が多いことも考え合わせると、男の子の親は意識的に、子供が他の子供たちと交わる機会を用意しなければいけないようです。

特に、小学校高学年から中学生の時期にかけては、いろいろな人とコミュニケーションをとる機会をつくってあげるといいでしょう。

就職で一番求められるのは、「コミュニケーション能力」です!

他の能力と同様に、コミュニケーション能力も、14歳を過ぎてから獲得しようとすると、実は大変な努力が必要です。精神的にもストレスがかかります。

2016年に発表された日本経済団体連合会(経団連)の「新卒採用(2015年

選考にあたって、企業が特に重視した点

1位	コミュニケーション能力	85.6%
2位	主体性	60.1%
3位	チャレンジ精神	54.0%
4位	協調性	46.3%
5位	誠実性	44.4%
6位	責任感	27.4%
7位	論理性	27.2%
8位	潜在的可能性（ポテンシャル）	20.8%
9位	リーダーシップ	20.5%
10位	柔軟性	16.8%
11位	創造性	14.2%
12位	職業観・就労意識	14.1%
13位	信頼性	12.5%
14位	専門性	10.7%
15位	一般常識	8.0%
16位	語学力	5.4%
17位	学業成績	4.8%
18位	出身校	3.0%
19位	倫理観	3.0%
20位	感受性	2.3%

（出典：日本経済団体連合会「新卒採用（2015年4月入社対象）に関するアンケート調査結果」より上位20項目を抜粋）

4月入社対象）に関するアンケート調査結果」によれば、「企業が選考にあたって特に重視した点」の1位が「コミュニケーション能力（85・6％）」。12年連続の1位となりました。

4位に「協調性（46・3％）」が入るなど、企業がいかにコミュニケーション能力を重視しているかが窺《うかが》われる結果です。これはつまり、コミュニケーション能力の向上が十分でない人が多い、ということの裏返しかもしれません。

これに対して、語学力、学業成績はいずれも5・4％、4・8％しか重視されていません。

10〜14歳は、受験などで大変かもしれません。また、反抗期を迎え人と交わりたくないこともあるでしょう。

しかし、この時期の過ごし方が、後の努力で獲得できるスキルより、将来の就職に大きな影響を与えている、というのは、無視できない事実です。

「成長期の脳」内では、いったい何が起こっているのか？

脳には明確な「成長のターニングポイント」がある

なぜここまで明確に、才能や能力によって伸びやすい時期が違うのでしょうか。ここからは、脳医学的な側面から見てみましょう。

子供が才能を伸ばしやすい時期は、脳の中の「ニューロン」と呼ばれる特別な細胞同士のつながり方で決まります。そう、このニューロン同士のつながりが、38ページで説明した「道路」の部分です。

私たちの脳の活動「見る、読む、聞く」などで得た情報や、「運動する、考える、感じる、記憶する」などの活動は、ニューロン同士のつながりを通じて、それぞれの脳の担当部分に運ばれていくのです。

繰り返しになりますが、この道路は
①最初にとにかくたくさん道路をつくって
②実際に使ってみて
③使わなかった道路はどんどん壊す
という手順でつくられています。
まずは脳の中で情報が通る道をとにかくたくさんつくり、ネットワークを張るのです。これは生まれてから発達のある段階まで、ずっと続きます。

そしてある時期から、道路の整理が始まります。1章では「使わなかった道を壊す」とだけ説明しましたが、実際はそれと同時に、**よく使う道を高速道路のように太く頑丈にする**作業も行われています。

ずっと使われなかった「脳内の道路」はやがて壊されてしまう！

38ページで紹介した米ワシントン大学のパトリシア・クール教授の研究をさらに見てみると、生後6~8カ月までどんな言語でも聞こえる耳（脳）を持っていた赤ちゃんも、10~12カ月頃を境に、母語以外の音の聞き取りが難しくなるといいます。そのかわり、母語の聞き取り能力が格段にアップするのです。

日本語の環境で育った赤ちゃんであれば、あるときを境に〝R〟と〝L〟の音が聞き分けられなくなるかわりに、「らりるれろ」の音をよりはっきりと認識するようになります。

日本語だけを話す限り聞き分ける必要のない〝R〟と〝L〟を、脳が勝手に区別していたら、その働きはどう見ても非効率的ですね。そのような余計な手間を防ぎ、脳をより効率よく使うために、この道路整備が行われるのです。

英語の環境で育った赤ちゃんであれば、逆のことが起こります。

このような話をすると、

「〝R〟と〝L〟の道を残すために、0歳から英会話に通わせなくちゃ」と思われるかもしれません。しかし、繰り返しになりますが、この時期に英語の発音にそこまで固執することもないと私は思っています。

実際、バイリンガルに育てているご家庭でも、「家庭の中では日本語」など、ひとつの言語で土台をつくっている場合が多いようです。

バイリンガルになると、ある概念を2つの言語で理解できるようになりますが、反面、それぞれの言語に深みが出にくく、どっちつかずになりやすいというデメリットも指摘されています。

そうであれば、音楽を聞かせて耳そのものを育てる工夫のほうが、子供の負担にならず、総合的な脳の力を養う点でもよいのではと思うのです。

どうして、才能の種類によって、習得時期が違うの？

視覚や聴覚（0歳〜）↓運動（3〜5歳）↓語学（8〜10歳）↓コミュニケーション（10歳〜思春期）と、子供の能力の発達の順にはあまり一貫性がないように見えます。

しかし、脳の成長という切り口で見ると、そこにはある法則が見出せます。

そう、この脳内の道路整備（脳の発達）は、「脳の後ろから前」に向かって起こるのです。私たちの研究によって、「脳は後ろからつくられる」ということはもう証明されています。

生後すぐに発達するのが、頭の後ろ「後頭葉《こうとうよう》」です。ここは「ものを見る」機能を担う部分です。

最初は「明るい、暗い」程度しか認識できなかった赤ちゃんも、生後1〜2カ月くらいで形や色が判断できるようになります。動くものを目で追うことができるように

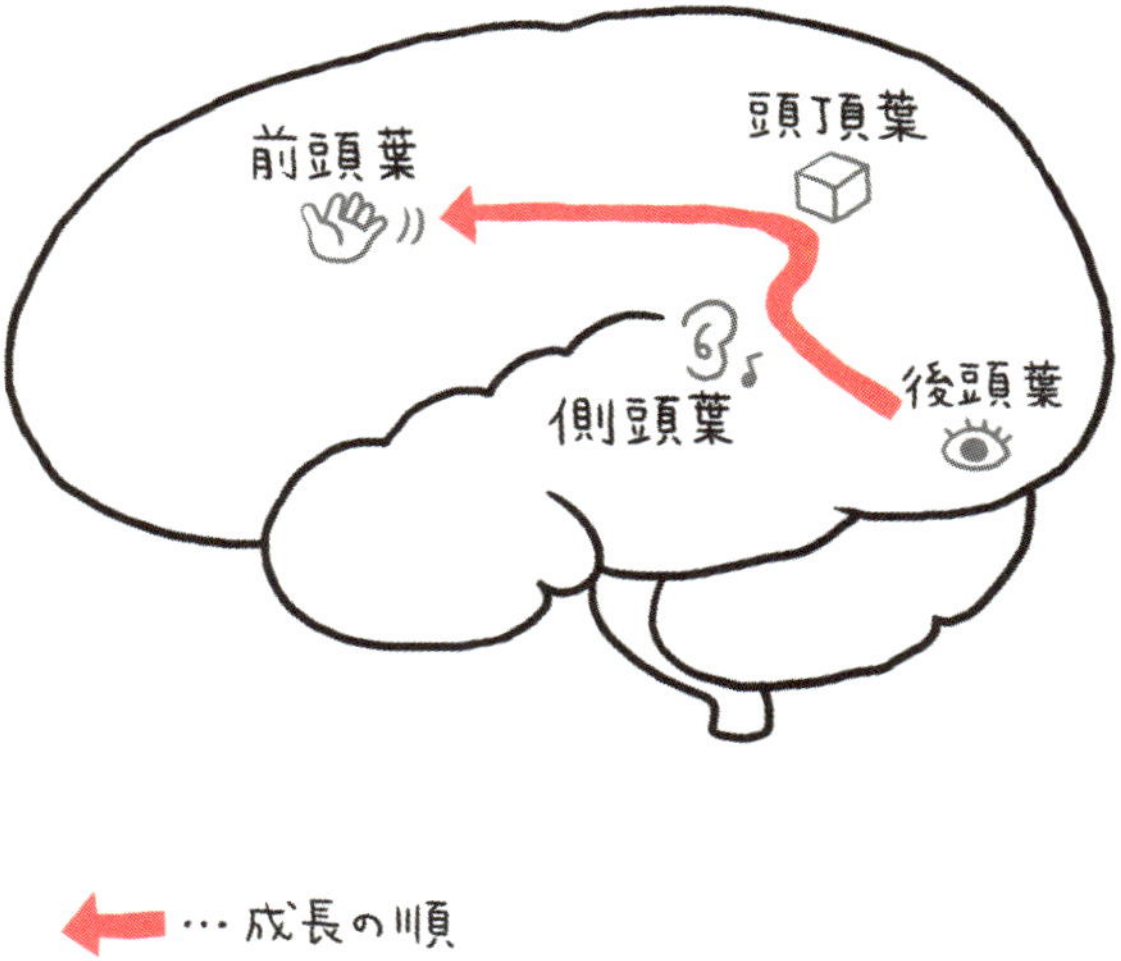

脳は後ろから発達する

なるのは、4カ月くらいからといわれています。

生後半年ほどで人見知りが始まるのは、母親の顔と他の人の顔を区別できるようになるからです。

このようにして、小学校に入る前頃まで、視覚の発達は続きます。

同じ頃に発達するのが「側頭葉《そくとうよう》」の、**「音を聞く」**能力に関わる脳の領域です。

赤ちゃんは音が鳴るおもちゃに興味を示しますが、胎児の頃から大人と同じように聞こえているわけではありません。

生まれたばかりの赤ちゃんは大きな音を認識することはできますが、音を聞き分けるようになるのは生後半年前後です。

さらに、聞こえている音を、たとえば言語だと理解するのは9～12カ月頃です。この時期は、先ほどお話しした母語の聞き取りが上達する時期とやや重なります。

このように言語を判別できるようになってくると、次に側頭葉の中でも、**「記憶」**

に関わる部分の発達が進みます。その前の段階ではただ、「聞き分けられる」状態であっただけの言語を覚え、そして「ママ」や「まんま」などのよく使う言葉を発するようになっていきます。

このように、同じ脳の領域でも、発達には決まった順序があるのです。

次に発達が見られるのが、「頭頂葉《とうちょうよう》」です。頭頂葉にある「感覚野《かんかくや》」は手触りや温度感覚などの触感を司り、「運動野《うんどうや》」は体の動きを司っています。

感覚野が成長してくると、赤ちゃんは五感の中でも皮膚《ひふ》からの感覚に敏感になってきます。つまり、自分がどんな行動をしているのかを自分で把握する力が伸びていきます。

それと同時に運動神経が伸びますから、ますます活発に動き回るようになっていくのです。赤ちゃんの寝返り、おすわり、ハイハイを経て立つという運動神経発達の一連の流れは、筋肉のみならず脳への刺激にもなっています。

3歳頃からの巧緻《こうち》運動の発達期間は、この「頭頂葉」の成長の延長線上にあるといっていいでしょう。

最後に発達するのが「前頭葉《ぜんとうよう》」です。その中でも「前頭前野《ぜんとうぜんや》」という、「高次認知機能」を担《にな》う部分は最後に発達することがわかっています。

高次認知機能というのは、考えたり、判断したり、計画したり、決定したり、洞察《どうさつ》したり、コミュニケーションをとったりすることです。その中には、

「やりたくないことをガマンしてやる」

「禁止されたことをしない」

ということも入ってきます。

この前頭前野は、10代にかけても、まだ発達が続いています。ということは、小学生までは高次認知機能は十分に育っていないということ。

中学受験の勉強は、計画性や考える力、ガマンする力をトレーニングするよい機会である反面、子供の成長度合いによっては、高いハードルとなってしまう可能性もあるのです。

また、前頭前野が発達してくると、「思いやり」や「気づかい」を介した、より高度な人間関係を築けるようになっていきます。

小さい子供は、虫の足をもいだり、アリの巣を埋めるなど、大人から見れば「残酷」とも思えることを平気でしますが、そういった生物に対する接し方を急速に学んでいくのも、この時期の特徴といえるでしょう。

さて、脳の中で最後に発達する「前頭前野」ですが、萎縮《いしゅく》し始めるのが一番早いこともわかっています。

認知症では、こういった高次認知機能にまず影響が出て、人とのコミュニケーションや物事の判断、記憶に支障をきたすのです。

一方で、見る、聞くなどの能力は、目や耳そのものの老化で衰えることはありますが、脳までもが変化するのはだいぶ後になります。

脳は、後ろからつくられて、前から壊れていくのです。

脳の発達と「好き・嫌い」

「子供が好き・嫌いを自分で持つ前に、好奇心のタネをまいておこう」というのは、図鑑を買い与える際のポイントでした。

この「好き・嫌い」という感情は「大脳辺縁系《だいのうへんえんけい》」という、脳の奥のほうにある部分が担当しています。大脳辺縁系は「哺乳類《ほにゅうるい》の脳」とも呼ばれ、進化の段階ですべての哺乳類が獲得しました。

イヌやネコにも、もちろん大脳辺縁系はあります。ペットを数匹飼っていると、それぞれのイヌやネコに、お気に入りの家族、場所があるのがわかります。エサをくれる人は大好き、しっぽを引っ張る小さな子供は嫌い、フカフカのクッションがお気に入り……。

このように、動物でも後に与えられた環境で「好き・嫌い」の感覚を持つようになるのです。

赤ちゃんの脳内で大脳辺縁系が発達するのは、比較的早い時期――後頭葉よりやや遅いくらいではないかといわれています。

ですから図鑑も楽器も、3、4歳頃までに始めたほうがいいとお伝えしているのです。

もちろん図鑑や楽器以外でも、「自分の子供にはぜひ好きになってほしい！」と強く思うものがあれば、子供に負担にならない程度に、早めの時期に触れさせておくといいと思います。

④

心も体も脳も！
一生の健康をつくる「親の役割」

成長期の子供に親がしてあげられる〝一番大事なこと〟

「賢い子」を育てる親の役割とは？

脳医学的に子供の成長を見ていくと、親にははっきりとした役割があることがわかります。それは「好奇心の種をまく」こと、そして子供の伸びやすい時期を見つけて「背中を押してあげる」ことです。

親に伸ばしてもらった「好奇心」は、子供にとっては財産です。生涯にわたって、その人生をサポートしてくれるでしょう。

図鑑であれば、子供の好みが固まる前に種類をそろえておく。

巧緻《こうち》運動の能力が発達する頃には、いろいろな経験をさせて、子供が喜ぶ楽器や運動を見つける。子供に興味を持たせたければ、親が率先してやってみる。

あるお母さんは、子供の習い事をひとつ決めるために、10以上も体験をさせたといいます。そこまではできなくても、習い事を試すのは子供の本当の好奇心がどこにあるかを知る、いい方法です。

子供が夢中になれるものを見つけたら、子供の「やりたい気持ち」をサポートしてあげましょう。そのサポートは、子供に図鑑を読んであげることかもしれませんし、習い事への送り迎えかもしれません。

「やらせる」という姿勢ではなく、子供が続けて頑張れるように、励まし応援するのです。

「お父さんやお母さんに応援されている」

そう感じられるだけで、子供は好きなことにますます夢中になれるでしょう。

10歳を過ぎた子供をバイリンガルにしたい人へ

脳の発達に合わせた取り組みで、子供の能力を伸ばしましょう、とお話しすると、「うちの子はもう3歳を過ぎてしまったから、音楽を始めるには手遅れでしょうか」「10歳を過ぎてから英語を習わせても、意味がないでしょうか」と心配される方がいます。もし、適正年齢を過ぎていても、諦《あきら》めないでください。

脳は何歳からでも、新しい情報に触れれば反応し、成長します。

子供の脳が、まずたくさんの道をつくり、使う道路は高速道路にし、使わない道路は閉鎖することでぐんぐんと能力を伸ばす、ということは説明してきたとおりです。そしてこの**子供の頃の発達と似た変化は、何歳になってからでも起こります。大人も老人も例外ではありません。**

大人になってから英語を勉強しても、努力次第で習得できるのはそのためです。

ただ、もちろん効率は違います。可塑性《かそせい》（47ページ）には幅があって、年をとればとるほど小さくなります。

子供の頃に英語を習得してバイリンガルを目指す場合は、脳自体がダイナミックに「最適化」している時期に英語を吸収していますから、比較的短期間で身につきます。流れるプールで水の流れに乗って泳ぐと速く進める、そんなイメージです。

一方で、思春期を過ぎた頃から勉強して英語を身につけた方は、普通のプールで泳ぐようなイメージです。前に進むには泳ぎ続ける必要がありますが、「泳げば進む」という事実は変わりません。

スキーでもそうですね。4、5歳の子供は短時間でボーゲン（スキー板の後端をV字に開いて回転する技術）をマスターしてしまうことが多いですが、大人になってからでは滑れるようになるまでにある程度の練習が必要です。

それでも、大人だって諦めなければ、ほとんどの人が滑れるようになるでしょう。

上達のスピードは違うとはいえ、何歳になっても新しい能力が身につけられる。これはとても夢のある話だと思います。私たちが諦めない限り、脳は成長してくれるのです。

大人でもそうなのですから、たった数年遅れただけの子供が、何かを諦める必要などまったくありません。10歳からでもピアノを始めればいいですし、15歳からでも卓球を始めればいいのです。

それで世界一のピアニストになるにはものすごい努力を必要とするでしょうし、オリンピックで金メダルを目指すのも現実的ではないかもしれません。でも、脳にとって無意味なことは何ひとつありません。新しく何かを始めたその日から、脳はまた、新しい能力の獲得に向けて成長し始めるのです。

「やったけど身につかなかった」も、子供の財産

もうひとつ、子供の習い事に関する親の悩みに、「せっかく習っていたのに、身につかなかったし、すぐにやめてしまった」ということがあります。

でも私は「それでもいいんですよ」とお伝えしています。がっかりすることはないのです。この1年、2年の経験が生きるときが、必ずやってきます。

ピアノなら、「意外に英語のリスニングができる」という形で現れるかもしれませんし、リズム感がついているかもしれません。大人になってから、ふとピアノを始める、という形で現れることもあるのです。

私は、この「子供の頃の習い事を、大人になってから趣味として復活させる」ことが、とても大事だと考えています。

大人になってから、まったく新しい趣味を始めるのは、ハードルが高いものです。しかし、子供の頃に1年でも2年でも習っていたことであれば、その趣味にすっと戻れます。大人になってからの趣味は、新しい仲間との出会いや、認知症のリスク低下につながるのです。

1年間でも習っていたことが、その子の一生涯を、より健康に豊かにしてくれる。

そう考えれば、途中でやめてしまったとしても惜しいことはありません。

私自身は今、ピアノが大好きで、毎日のように鍵盤《けんばん》に触れています。でも、これも、小学校の頃に少し習って、すぐにやめてしまった習い事でした。それを今、自分も楽しみながら、息子の音楽への親しみになるようにと活用しています。

自分の過去の習い事が、息子の成長につながっている例といえるでしょう。

もし、本書を読んでくださっている方が、昔、何か楽器をやっていた経験があるならば、今、改めて家で演奏してみてはいかがでしょうか。

ひとりっ子？　兄弟姉妹？どちらもいい点・悪い点がある

ひとりっ子の好奇心の伸ばし方

子供の好奇心を育てる——コツさえつかめば難しいことではないものの、実践しようとすると、やはりある程度の時間はかかります。

子供の好奇心がどこにあるのか、興味は何に向いているのか、得意なことは何か。時期を逃さず、子供の才能を最大限に伸ばそうと思えば、やはり親が子供をよくよく見ておかなければいけません。

その面で、私はひとりっ子というのは、とてもいいと思っています。

子供ひとりをじっくり見て、好奇心の芽を探してあげられる。これは、親が子供に与えられる愛情です。

兄弟姉妹がいるほうが、協調性やガマンといった、社会性の伸びが早いのは事実です。でも、この能力が本格的に伸びるのは、思春期前後がメインです。だから、学校で伸ばせればいい。

ひとりっ子の場合には、そう考えておきましょう。

兄弟姉妹のいる子の好奇心の伸ばし方

一方で、兄弟姉妹がいることも、好奇心を伸ばすチャンスにつながります。

兄弟姉妹が興味を持ったものには別の子も興味を持ちやすいですし、兄弟姉妹というわかりやすい比較対象がいるので、その子の興味のあるもの、ないものを親も見分けやすくなります。

ただし、ひとり当たりにかけられる時間は減ってしまいます。その分、親の目が行き届かないところも出てしまうでしょう。その子独自の「好奇心の芽」を見逃してしまう可能性が増すことも、事実だと思います。

このように考えると、ひとりっ子でも兄弟姉妹がいても、好奇心を伸ばす上でいい面と悪い面があることが、はっきりとわかります。

今の環境で、その子にしてあげられることを考える。
親は、努力はしても無理はしない。

この姿勢が、より子供をのびのびと育てる秘訣だと思います。

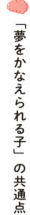

将来の夢——どこまで子供は「親を超えられる」もの？

「夢をかなえられる子」の共通点

好奇心が十分に育った子供たちは、

「パイロットになりたい」

「サッカー選手になりたい」

「お医者さんになりたい」

「お菓子屋さんになりたい」

「アイドルになりたい」

など、大きな夢を持つでしょう。そのとき、つい大人は、

「いつかもっと堅実な目標を持つだろう」
「そんな夢を持つなんて、まだまだ子供だな」
などと考えがちです。しかし実は、この**夢こそが、子供の好奇心をさらに伸ばすチャンス**なのです。

子供が将来の夢を持ったら、親も一緒にその職業と関連するいろいろな体験をしていきましょう。

将来、本当にその仕事に就くかどうかは置いておいて、子供がそのとき持っている興味を伸ばすのです。

パイロットになりたいのであれば、飛行機の図鑑や本をそろえるだけではなく、空港に行って、実際に飛行機の離発着を見てみましょう。

夏休みには飛行機を使った旅行を計画したり、工場見学に行くのも大きな刺激となります。工場見学に行けば、飛行機のしくみを学ぶことができますし、飛行機の周りで働く大人を目にすることもできます。

「パイロットになるためにはね……」

と、夢に続く道を簡単に教えてあげれば、子供はさまざまなことにやりがいを見出していくでしょう。

お菓子屋さんになりたい子であれば、一緒にお菓子づくりをしてはいかがでしょうか。

料理には、数学的、化学的な要素がたくさん含まれています。まずスケールできちんと分量を量らなければなりません。また、2倍の量をつくるためにはそれぞれのレシピの分量を「×2」にしたり……と、自然と数字に触れることにもなります。

クッキーやケーキなどに使うベーキングパウダー（ふくらし粉）は、炭酸ガスを発生させることで生地を膨《ふく》らませますが、これなどまさに化学です。

「わあ、ふくらんだ！」

と子供がワクワクしていたら、

「お菓子が膨らむしくみは、この前、一緒に見た化学の図鑑に出てたね」

などと声をかけ、図鑑とつなげてあげれば、さらなる興味へとつながります。

子供の持つ「夢」から、「学び」はいくらでも広がっていきます。

結局、最後に勝つのは「自信のある子」

また、親に自分の夢を後押しされた子は、自信を持ちます。そして、自ら立てた目標に向かって頑張る力をつけるのです。テストが間近に迫ってくれば、

「パイロットになるには、テストもがんばらなきゃいけないいな」

と、おのずと勉強もするようになるでしょう。

親から「次の期末テストはいい成績をとるように」と言われる子とのモチベーションの差は、歴然としています。

「将来、○○になりたい」という夢を持っている子は、その夢に向かって頑張れるものです。それはスポーツ選手でも、アイドル歌手でも何でもいいと思います。夢に向かって自分なりに頑張った経験は、後に子供の夢が変化しても、決して無駄にはなりません。

脳はどこまで、「遺伝的素質」に縛られるもの？

脳の発達というのは、おおざっぱにいえば、７割前後が遺伝で決まります。

このようにお伝えすると、

「うちの子は芸術のセンスがないみたいです。センスのない私の子だからでしょうか」

「うちは文系の家系なので、医者になるのは諦めたほうが……」

などと早とちりされる方がいらっしゃるかもしれませんが、そういうことではありません。

脳の部位によって遺伝の影響の大きさは異なり、学習や技能、考え方に関係する部分ほど、遺伝の影響を受けづらいことがわかっています。

134ページでお話ししたように、脳は基本的に、後ろから前に向かって発達していきます。そして、発達が早い部分ほど、遺伝の影響を受けやすいのです。

たとえば、生まれたらすぐに発達する「後頭葉《こうとうよう》」。「見る」ことを担当する領域です。このあたりは8〜9割が遺伝によるといわれています。

「聞く」にあたる「側頭葉《そくとうよう》」の一部も生まれてすぐに発達する、遺伝の要素が大きい部分です。

一方で、「思考、判断、計画、創造、コミュニケーション」など、人間がイキイキと生きるために必要な「高次認知機能」を担《にな》う「前頭葉《ぜんとうよう》」は、脳の前のほうにあります。発達のピークも遅く、中学生になってもまだまだ成長し続ける部分です。環境による影響が大きい部分で、遺伝の要素は半分くらいとされています。

学校の勉強や将来の仕事などを考えたとき、その出来不出来にもっとも関わるのは、この「前頭葉」の部分です。

この部分の脳が十分に発達することが、子供の自己実現につながるのです。


ですから親の「頭の良し悪し」は、子供にはあまり影響しません。乱暴ないい方をすれば、勉強が大嫌いで学校の成績が「オール1」の親に、勉強大好きで「オール5」をとる優等生が育っても、不思議なことではないのです。

逆もまた同じです。

親の成績がよければ子供の成績もよくなりやすい、というようなことは、遺伝の側面からはほとんどないのです。

子の才能を伸ばすも止めるも親次第

「親の収入が子の学歴を決める」のウソとホント

「親の年収の高い家庭ほど、子の成績がよい」といった、年収と学歴の関係はいろいろな調査で示されています。しかしそれは、親の年収の多寡《たか》そのものよりも、「どれだけ子供にいろいろな経験をさせられたか」が影響しているのではないかと、私は考えています。

金銭的に余裕があれば、子供を音楽教室や体操教室に通わせることができます。その体験の有無が好奇心の差となり、ひいては学歴までの差になる。こういうことはあるかもしれません。

ただ、本質は「好奇心の差」。習い事以外で、子供の好奇心を十分に伸ばせれば、親の収入は関係がなくなります。

そのことがわかっていれば、お金をかけずに好奇心を育てる工夫の余地はいくらでもあります。

「わが家の子供だからこのくらいで十分」なんて考えが、もしあるとしたら、今すぐ手放してください。

遺伝と環境——影響力がより大きいのは？

もし子供が芸術の道を志していたら？

たとえ親自身にセンスがなかったとしても、子供の未来には関係ありません。好奇心を持った子供は、親を超えてどんどんと才能を開花させていくからです。

たとえば、日本画家の千住博《せんじゅひろし》氏。弟の明氏は作曲家、妹の真理子氏はヴァイオリニストと、皆さん、世界で活躍する芸術家です。では、ご両親は？

千住家の父親は工学博士、母親も研究者です。

以前テレビで、千住博氏が、小さい頃、家中の壁や襖《ふすま》に好きなように絵を描かせてもらっていたと話していました。母親は叱《しか》ることもなく、喜んでキャンバスがわりに描かせていたそうです。

好奇心を持って絵を描き続けたことで、芸術的な才能を花開かせた。そのいい例だと思います。

両親がどちらも芸術関係でないにもかかわらず、3人そろって芸術方面に花開いたのは、その方向に好奇心を伸ばせる環境に育ったことの証拠でしょう。

スポーツなど、骨格や体のつくりが関わってくる場合には、ある程度、遺伝による得意不得意はあるかもしれません。それはやむを得ませんが、**多くの才能は後天的に育《はぐく》まれる**ものなのです。

「この子」と「あの子」を比べる前に

「兄弟姉妹間の能力差」はどう考える？

親子の脳の遺伝の話と関連して、兄弟姉妹の脳についても触れておきましょう。

親子や兄弟姉妹の外見が似ているように、脳の形も似ています。

ある父子の脳画像を見比べてみたこともありますが、やっぱり似ている、という印象を受けました。兄弟も同様です。細かい要素というより、フォルムが似ているのです。

車にたとえれば、プリウスが、ＢＭＷよりもアクアに雰囲気が似ているようなものです（プリウスもアクアもトヨタ自動車の車種です）。

与える印象は同じですが、よく見るとすべてのパーツも設計図も違う、という感じです。

例外は、一卵性双生児です。一卵性の場合は遺伝子が同じなので、脳も同じ設計図でつくられています。

ただし、これまで説明してきたように、育った環境や好奇心によって、脳の成長の仕方は変化します。ですから、脳の設計図が同じ一卵性双生児であっても、成長するにつれて、だんだんとその子独自の特徴が見えてくるものなのです。

兄弟姉妹であれば、第一子、第二子というように、そもそも家庭における環境が大きく違います。1人目のときには神経質なほど慎重に子育てをしていたお母さんも、2人目、3人目になると上手に手を抜いている、ということも……。

選ぶことのできない、兄弟姉妹の生まれ順といった環境要因が、生まれた時点でどの子供にもすでに存在しているのです。ですから、子供が何人かいれば、

「同じように育てたのに、お兄ちゃんは優秀で、弟は今ひとつ……」というような悩みを持つこともあるでしょう。兄弟は似ていてもやはり違った脳を持っているので、差は出てきます。

一方が「兄」で一方が「弟」という違いが必ずある以上、厳密には「同じように育てる」ことは不可能です。さらにいえば、脳の設計図も育った状況も違う兄弟を「同じように育てようとしたから」能力に差が出ているともいえるのです。

兄弟姉妹、それぞれに合った育て方をすれば、その子自身が持っている固有の能力を伸ばすことができるはずです。

ですから親は子供をよく観察して、その子の好奇心はどこにあるのか、どのように関わっていったら伸びるのかを常に考える必要があると思います。

厳しいことをいうようですが、子供の能力が伸びるのも、伸びないのも、「親の関わり方」次第です。その子に合った方法を見つけてあげることができれば、どんどん力を発揮できる子に育っていきます。

そのためには、その子の好奇心のタネを見つけてあげることが大切なのです。

「成長スピード」と「頭のよさ」は関係なし!

子供の能力は、早く伸びればその分だけよい、ということではありません。たとえば、

「お姉ちゃんは2歳の頃にはもうすらすらと話していたのに」

「同じ幼稚園の○○ちゃんは、もう△△できるのに」

こんな悩みを持つお母さんは多いようです。特に姉と弟という家庭では、弟の発達を姉と比べてしまい、必要以上に不安になってしまうケースがあります。

でも心配することはありません。

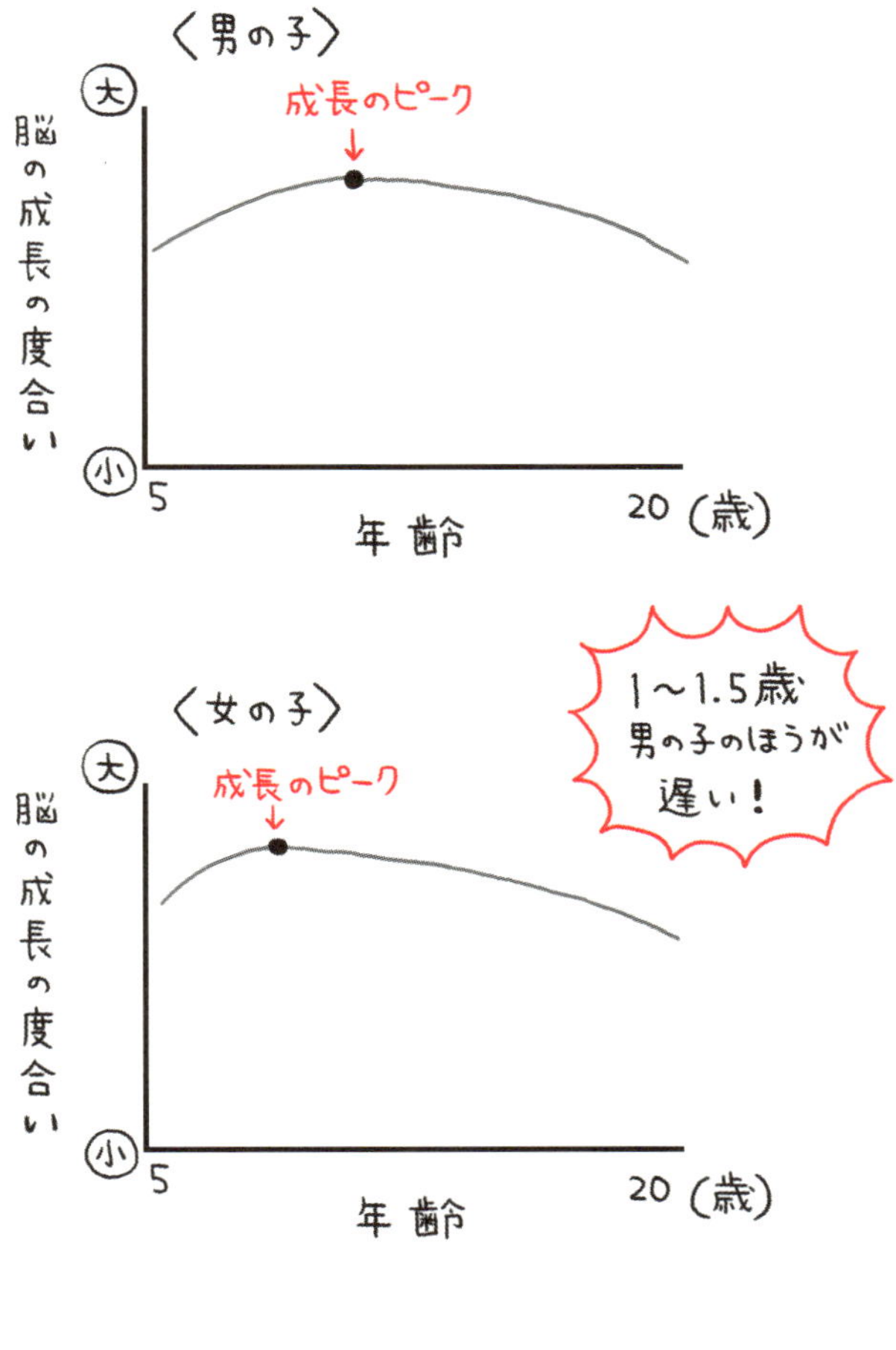

脳の成長時期には“男女差”がある

脳の発達のスピードには、はっきりとした個人差があります。

3歳で同じようにピアノを習い始めても、すぐに伸びる子と4歳になっても全然ダメ、という子もいます。でも、後から伸びた子がゆくゆくはピアニストになって、先に伸びた子はすぐにやめてしまう、なんてこともあるのです。**伸び始める時期と能力は、関係ありません。**

さらに、男女で見ると、**脳の成長や発達の時期には性差があります。**年齢に換算すると、だいたい1歳から1歳半、女の子のほうが成長が早いのです。

脳の場所によって多少の違いはあるものの、脳の発達と能力はリンクしていますから、「同じことでも、できるようになるのが男の子のほうが1年～1年半遅い」のは、ごく自然なことです。それと、能力の高い低いもまた、関係のないことです。

そのことをわかっているだけでも、心配が減るかもしれません。

男性と女性――そもそも脳は「違うもの」

発達時期に性差があるように、実は脳の特徴にも性差があります。

男の子は男性の脳として発達していき、女の子は女性の脳として発達していきます。女性は言語を司《つかさど》る「言語野」が大きく、男性は空間認知を司る「頭頂葉《とうちょうよう》」が大きいのです。

あくまでも一般論ですが、女性には話し好きでコミュニケーション能力の高い人が多く、男性は方向感覚がよく空間把握の得意な人が多いといわれるのは、脳の特徴と合致しています。

これだけ、脳の成長の速度や方向性が性別や環境によって違うのですから、

「あの子と比べてうちの子は……」

「上の子は下の子と比べて……」

と、他の子と比べて一喜一憂することに意味はありません。その分、その子自身の

好奇心や成長に目を向けてほしいと思います。

余談になりますが、脳はある部分に注目すれば、画像を見ただけで男性の脳か女性の脳かがわかります。それは、左右の脳をつなぐ脳梁《のうりょう》の部分。女性は厚くて丸みを帯びた形をしていて、男性は平べったくて細長いのです。

ただ、この形の違いが能力や性差にどの程度関わっているかは、まだわかっていません。

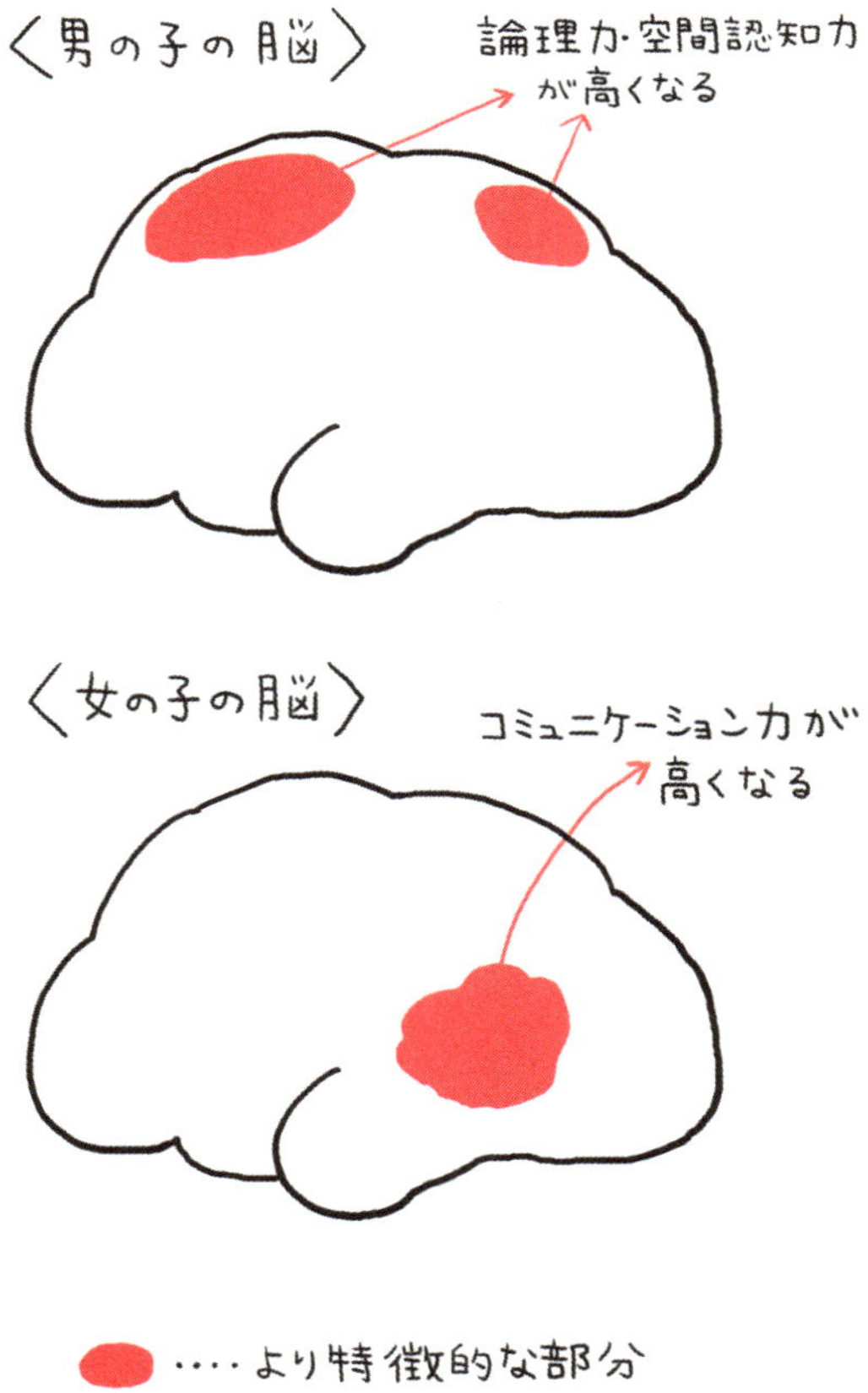

脳の発達の仕方にも"男女差"がある

5

脳が勝手に成長スピードを上げる！おすすめ生活習慣

「海馬が大きく健やかに育つ」生き方のすすめ

「朝食を毎朝必ず食べる子供は、朝食を抜いている子供に比べて、学力が高い」

イギリスのカーディフ大学をはじめ、世界のさまざまな機関で行われた調査によって、このことは明らかになっています。

また、朝食に限らず、睡眠や運動、学習、日々の会話といったさまざまな要素が、私たちの脳に影響を与えています。

好奇心の有無とは別に、脳の働きを左右する条件があるのです。

脳の働きを左右するもの、それは、簡単にいえばコンディションです。

頭がいい子は、脳のコンディションをよりよく保つような生活習慣をしていること

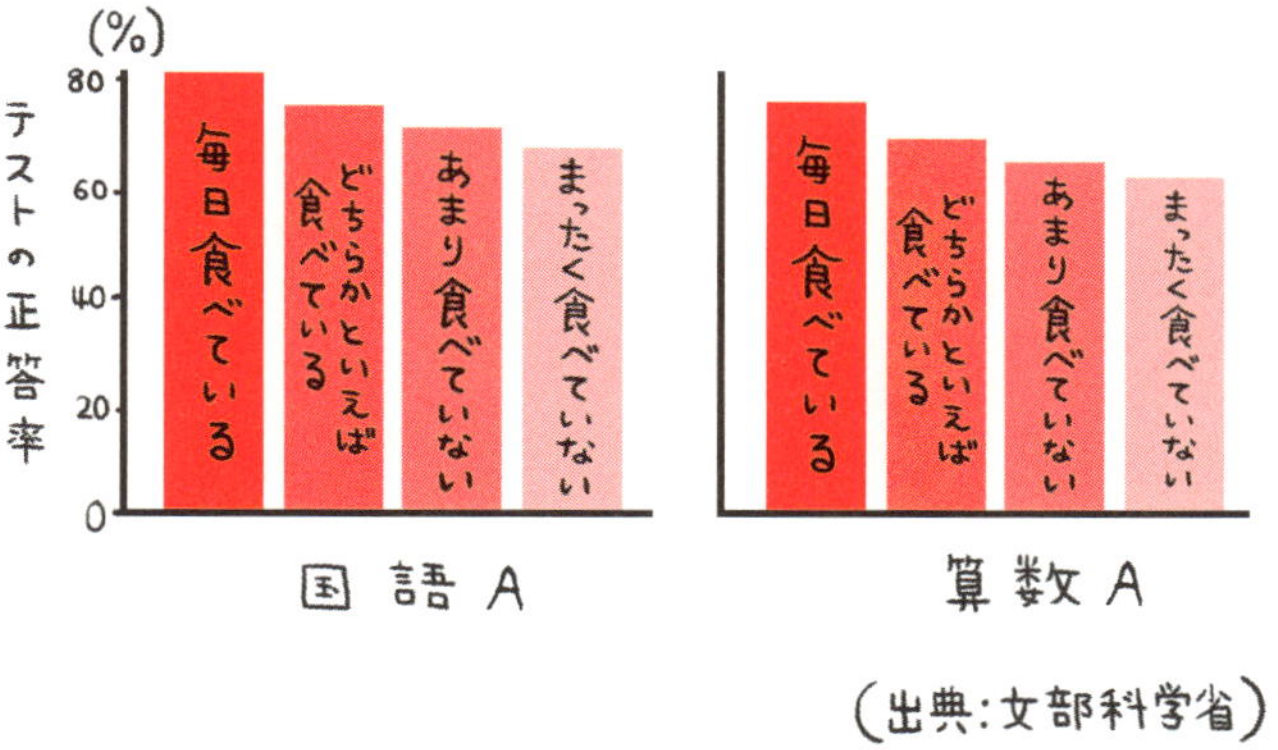

小学校6年生の学力と朝食の頻度

が多く、反対に、今ひとつという子は脳の力を生かしきれない生活習慣になってしまっていることが多いのです。

もし今の生活習慣が、脳にとってよくないものであるならば、今日から少しずつ変えることで、子供の能力の伸び方を高めることができます。

図鑑や習い事といった「刺激」により反応のよい、より成長しやすい脳に変えていくことができるのです。

本章では、子供の脳のコンディションを整える生活習慣をご紹介していきます。

知っていますか？「睡眠が足りないと脳が縮んでいく」事実

「無自覚の睡眠不足」が脳の成長を妨げる

子供の脳の成長にとって、何より欠かすことができないのは「十分な睡眠」です。昔からいわれる「寝る子は育つ」という言葉は、脳にとってもまた、真実なのです。実は、最近の研究で、**脳の指令塔であり記憶を司る「海馬《かいば》」の成長が、睡眠の量に、はっきりと影響を受ける**ことがわかっています。

人間の脳にある神経細胞は、基本的には生まれてから死ぬまでに右肩下がりで減っていきます。

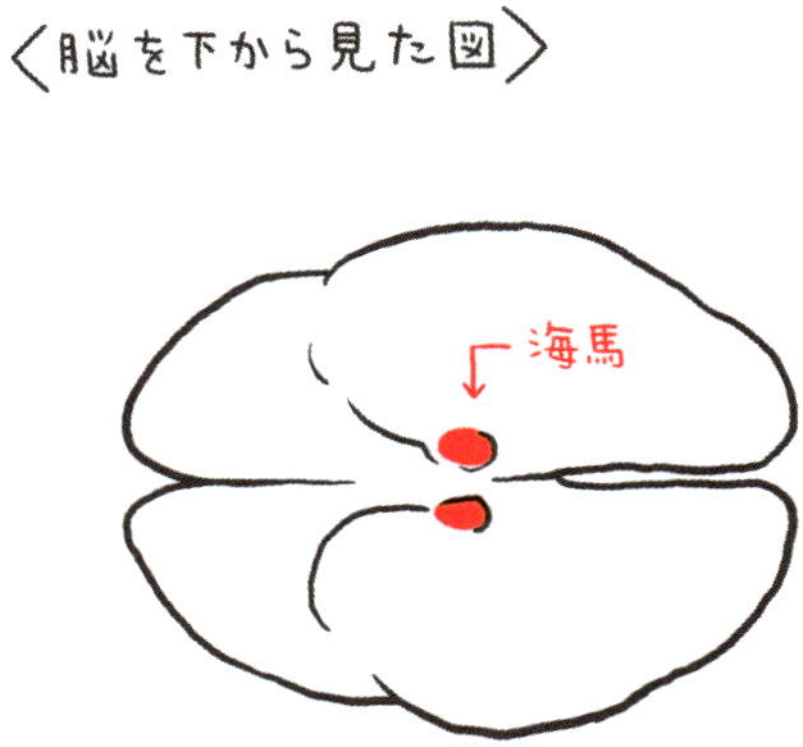

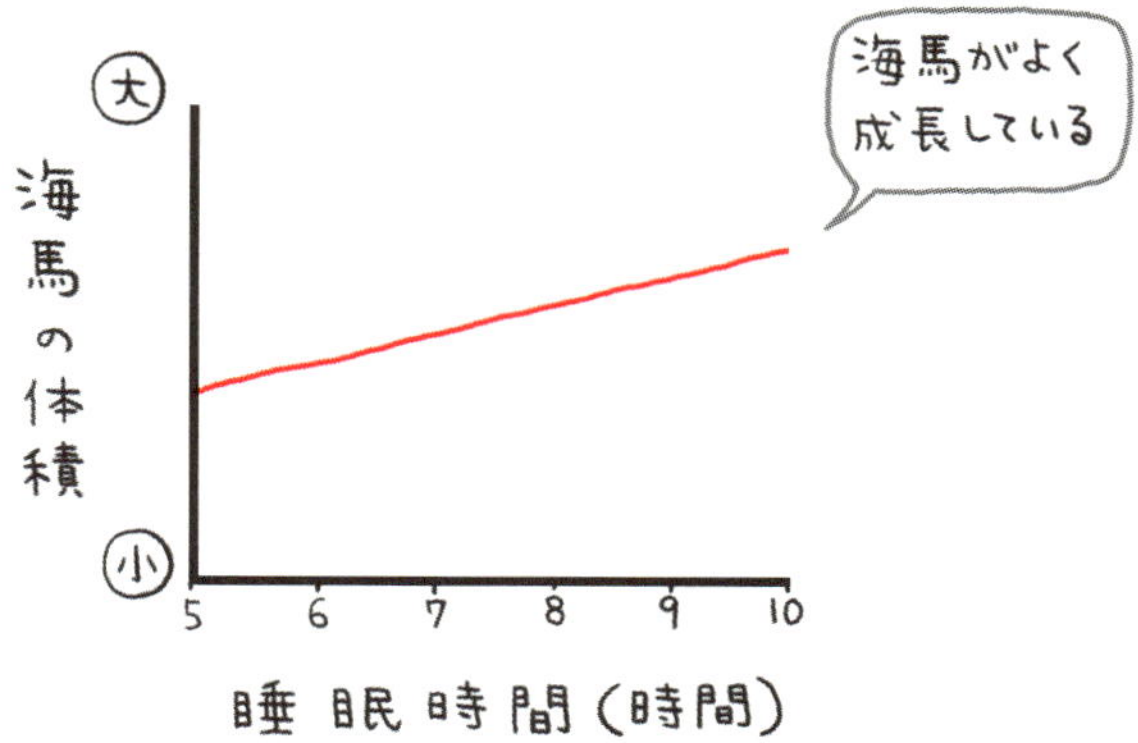

海馬の成長度（≒頭のよさ）と睡眠時間

しかし海馬だけは例外で、新しい神経細胞がどんどん生まれています。そして、そのスピードが、環境や生活習慣によって左右されることが、最近の研究でわかってきています。

さらには、十分な睡眠時間をとっている子供は、慢性的に寝不足な子供よりも、海馬の体積が大きく、基本的な記憶力も優れている、ということが、脳画像の解析から判明しつつあるのです。

よく眠る子ほど海馬が育ち、眠らない子は海馬が育たない、その一番の原因は、ストレスと考えられています。

短時間睡眠は、自分がたとえそう感じていなくても、心身ともに大きなストレスを与えます。つまり、睡眠不足になるとそれだけで、海馬は育たなくなってしまう可能性があるのです。

では、どれくらい寝ればいいのかといえば、個人差があるものの、アメリカ国立睡眠財団は、それぞれの年代別の睡眠の推奨時間を、次の表のように発表しています。

1日の適正な睡眠時間の目安

新生児 （0～3カ月）	14～17時間
乳児 （4～11カ月）	12～15時間
幼児 （1～2歳）	11～14時間
未就学児 （3～5歳）	10～13時間
就学児 （6～13歳）	9～11時間
ティーンエージャー （14～17歳）	8～10時間
ヤングアダルト （18～25歳）	7～9時間
成人 （26～64歳）	7～9時間
高齢者 （65歳以上）	7～8時間

（出典：アメリカ国立睡眠財団／年齢の区分も出典に準ずる）

たとえば6歳の子供の場合、7時に起きなければならないのであれば、逆算して夜の9時とか10時頃には寝る。そうすることで、海馬もすくすく成長していきます。

ここで特に注意すべきは、**「睡眠不足という自覚がなくても海馬の成長が鈍る」**ことです。

宵《よい》っ張《ぱ》りで夜遅くまで起きていてもへっちゃら、両親と一緒に毎晩11時、12時まで起きている。こういう子供たちは、自分が気づかないうちに睡眠不足状態になってしまっています。

結果として脳が、より記憶や勉強に向かない状態――海馬が十分に育っていない状態――になってしまっている可能性があるのです。

実際、厚生労働省の調査によると、夜の10時以降に眠っている子供は年々増加し、**4～5人に1人の割合で子供たちは睡眠に何らかの問題を抱えている**というデータがあるほどです。

睡眠不足を改善した日から、また脳は成長を取り戻します。もし今、子供が十分な睡眠をとっていないとしたら、今日から十分に眠る時間を確保してあげましょう。

子供は体力がある分、自分自身の睡眠不足に鈍感です。大人がしっかりと管理してほしいと思います。

ただし、睡眠時間が長ければ長いほど脳は成長する、海馬は大きくなる、ということではありません。どんな子供でも毎日15時間寝かせればその分、頭がよくなるか、というと、そんなことはないのです。

睡眠時間が長すぎると、眠りが浅くなったり、夜中に起きてしまう回数が増えてしまったりして逆効果となります。

年齢ごとの適切な睡眠時間を目安に、長すぎる日や短すぎる日が続かないように気をつけてください。

「寝つきの悪い子」のお昼寝テクニック

体力のある男の子の親御さんの悩みのひとつに、お昼寝があります。保育園でお昼寝をすると、夜寝なくて困るというのです。

脳の成長にとっては、お昼寝はしてもしなくても、どちらでもいいでしょう。眠いならしたほうがいいですし、眠くないなら無理にする必要はありません。

ただ、「夜眠れなくなるほどのお昼寝」は避けたほうが無難です。夜の睡眠は、海馬の成長につながる他、1日の記憶を整理して、脳からストレスを取り除く大切な時間です。

たとえばお昼寝では、時間を短くする、部屋を明るくしておく、子供が眠っているからといって周囲は静かにしないなどの工夫をして、熟睡させないようにしましょう。

浅い眠りで、ちょっと疲れが取れるくらいがベストのお昼寝です。

寝つきの悪い子ほど、夜にしっかり眠ることができるような「お昼寝方法」を、工夫してあげましょう。

夜、寝る前の読み聞かせ習慣で、脳がもっと豊かに

親子のふれあいの時間として、また子供の脳をより賢く育てるためにも、夜、寝る前の本の読み聞かせはおすすめです。

幼い子供は、親の声を聞くと安心し、リラックスする性質があります。寝る前のひとときに本を読んであげれば、それだけでほっとして、ぐっすり眠ることができるはずです。

また、脳の活動を考えても、聴覚野、視覚野、言語野など、いろいろな部分を刺激できます。

小学校低学年くらいまでの子供にとっての読み聞かせは、言葉を知るという意味あ

いだけではありません。

音を学んだり、絵と文章から自分なりに頭の中で想像を巡らせたり、あるいは親の読み方や声の調子から感情の動きを学んだりして、脳の成長につながるでしょう。

もし、読んでいる途中で子供が質問してきたら、その都度《つど》、それに答えてあげるといいですね。本のストーリーから脱線してもかまいません。子供の想像力の成長のほうがずっと大切です。


本はどんなものでもいいと思います。

わが家では寝る前の時間を、図鑑読みと読み聞かせの時間にしているので、基本的には図鑑や絵本が中心です。図鑑だけを特別扱いするのではなく、他の絵本と同じ本棚に並べておき、子供が自分で本を選ぶようにしているのです。子供の選ぶ本には、たまに妻の本棚にある詩集が交ざったりもします。

息子がどんな本を選んできても、特に気にせず何でも読みます。同じ本を何回も読むこともあります。子供が興味を持つ本であれば、本当に何でもいいのです。

そんな感じで取り組んでいたら、息子が2歳のとき、たまに読んであげていた大人向けの詩を丸暗記していたことがありました。すべての言葉の意味がわかっているわけでもないのに、です。

きっともう、そんな詩を覚えていたことすら忘れてしまっていると思います。けれども、そのときに感じた子供の計り知れない能力、そして可能性を、私は鮮明に覚えています。

また、読み聞かせの習慣を続けている中で最近感じるのは、形容詞や副詞といった「品詞」の感覚を、3歳の今、つかみつつあるらしい、ということです。

本にあったフレーズを暗唱することがあるのですが、記憶が少し曖昧《あいまい》になると、自分の知っている言葉に置き換えているのです。「赤い花」を「青い花」にしたり、「おつかれさま」を「おかえり」にしたり、「またあそびにおいで」を「またこようね」にしたり、「野原をつっきって」を「野原をこえて」にしたり……。

自然に類義語や対義語を覚え、抽象的な概念もわかるようになっているようです。**文法の知識を教えなくても、小学校の国語で習うような内容は、読み聞かせでかなりカバーできる**はずです。

最近は3冊読んでからでないと寝てくれないので、私は眠いのを必死でガマンして、息子が持ってくる本を読んでいます。毎晩同じ本が続いたり、「次はこれ」と10冊も積まれたこともあります。楽な日ばかりではありませんが、でも、選んでくる本の中に息子の興味を見つけられますし、家族で本の感想を言い合ったりもできます。夜、寝る前のひとときが、息子の成長を感じられる大切な時間となっているのです。

脳がぐんぐん知識を吸収するテスト勉強&受験勉強

「成績のいい子」がこぞって実践する勉強法がある

子供が少し大きくなると、テストや受験といった壁に直面します。

テストが近くなると、

「寝る時間を削って勉強をして、少しでもいい成績をとってほしい」

と望むお母さん方が増えるようです。

けれども、これまでお話ししてきたように、睡眠不足は脳の大敵。子供の成績向上や試験合格を願うのであれば、しっかりと睡眠時間を確保するように努力するほうが賢明です。

記憶を司る海馬にとって、睡眠は欠かせません。簡単にいえば、どんなに勉強をしても、寝ないと覚えることができないのです。

「勉強した内容は、寝ている間に脳に定着する」

これは、子供も大人も共通した脳のしくみです。

このように考えると、一夜漬けがいかに効率の悪い方法かがわかります。せっかく時間をかけて勉強をしても、記憶に留まることなく、どんどんと忘れていってしまうからです。

勉強効率を120%上げる、たった数分間の復習術

さて、ここからもう一歩踏み込んで、脳から見た「効率のよい勉強の仕方」を紹介

しましょう。

脳が記憶を定着させるしくみがわかると、自然と効率のいい勉強の仕方も見えてきます。

前述のとおり、勉強をした内容は、寝ている間に脳に保存されていきます。しかし、ここにひとつだけ落とし穴があります。

暗記教科を勉強しても、その後に別のことをすると、覚えたことを忘れやすくなるのです。

夕食後、英単語を頑張って暗記して、テレビを見て寝たとしましょう。

すると、脳の中では覚えたはずの英単語とテレビの内容がごちゃまぜになってしまい（撹乱《かくらん》）、脳にうまく保存されなくなってしまいます。

これが「忘れる原因」です。

勉強した分だけ効率よく覚えるには、**何かを覚えたら、そのまま寝てしまうしかありません。**どうしてもテレビを見たければ、テレビを見た後に暗記教科の復習をさっとやって、寝る。それが秘訣です。

また、複数の科目を勉強する場合にも、暗記力を使うものは最後にするといいでしょう。

勉強を夜の8時から11時までやるとしたら、最初は数学などの論理的思考能力を使う教科に取り組む。だんだんと眠くなってきますから、そうしたら暗記の科目に切り替える。英単語、日本史の年号、古文の単語などです。

そして、すぐに寝てしまうのです。

脳の機能から考えると、この方法が受験勉強の王道だと思います。

同じ時間数、同じ内容量を勉強しても、記憶への残り方が変わってきます。

実際、医学部の仲間と話していると、多くの人が同じような流れで勉強時間を組み立てていました。

勉強しつつ、どうやったら効率がいいのかを考えてたどり着いた方法が、脳の機能に合っているというのは興味深いものです。
希望の学校に入れる人というのは、長時間勉強している人よりも、脳の活用方法を知っている人ではないかと思います。

これが、子供の成績を上げるキーワード

暗記科目の勉強の後にテレビを見るとよくないのは、記憶の撹乱が起きるからだけではありません。

テレビ、スマホ、パソコンなどの強い光は、「メラトニン」という睡眠を促すホルモンの分泌を抑えることが明らかになっています。

テレビやゲームなどは、就寝の2時間前には終わらせるような習慣を、子供につけてあげること。

部屋にスマホを持ち込ませないようにすること（そうでなければ布団の中でスマホ

をチェックしてしまいますよね）。

そうすることで、子供たちは深い睡眠がとれるようになります。

睡眠は海馬を育て、勉強効率を上げてくれます。脳を育てるという観点からも、子供の睡眠時間をもっと大切にしたいものです。

これからは、「早く寝なさい」が、子供の成績を上げるキーワードになるのではないかと思います。

子供の朝食、よりよいのはどっち？

朝食を変えるだけで、IQがアップする!?

朝食の内容を変えれば、IQ（知能指数）も変わる可能性があるといったら、皆さん、驚かれるでしょうか。

実際に私たちの研究では、朝食でご飯を食べている子供たちは、菓子パンを食べている子供たちに比べて、IQ――特に「言語性IQ」と呼ばれる、理解力や記憶力に関する知能指数――が高いという結果が出ています。

いったい何が、脳に違いをもたらしているのでしょうか。

それは「脳へのエネルギー補給」に関わっているというのが私の考えです。

発達がダイナミックに進む子供の脳は、大人に比べて2倍ほどのエネルギー（ブドウ糖）を必要としています。しかも、脳はエネルギーを貯めておくことができないため、血液中から常にエネルギーを取り入れ続ける必要があります。

つまり、子供の朝食は、「脳が活動するために十分なエネルギーをしっかり摂取でき、次の食事までそのエネルギーを補給できること」が大切なのです。

このように書くと難しい印象を受けるかもしれませんが、その答えは簡単です。

・朝食をとらない（＝エネルギー補給をしない）は絶対ダメ
・菓子パンよりご飯のほうがいい
・主食は、できれば白いものより茶色いものを選ぶ

この3つを守れば、子供の脳に効率よくエネルギーを補給することができます。

ここからはそれぞれの項目について、説明していきましょう。

「朝食抜き」は絶対ダメ

脳が必要とするエネルギーを、必要なときにしっかり届ける。これが、子供の脳の成長には欠かせません。

それなのに、そもそもエネルギー源となる朝食をとらなかったら？　その結果はいうまでもありません。

前述の、イギリスのカーディフ大学で行われた調査では、「朝食をきちんととっている子供」と「朝食をとらない子供」では、テストで平均点以上の成績をとれた子供の割合が、前者で2倍以上も高かったという結果が出ています。

このことは、脳とエネルギーの関係から見ても納得がいくものです。

これが「脳が喜ぶ」朝食メニュー

皆さんは、「ＧＩ（グリセミック・インデックス）」という表示を見たことがありますか？

これは糖尿病などの治療と関連して注目されている数値で、血糖値の上昇の仕方を表しています。

何かを食べると、私たちの血中のブドウ糖の量（血糖値）は増加し、一定の時間が経つとブドウ糖の量は減少します。食べるものによってその血糖値の上昇や低下の仕方には違いがあり、それを数値化したものがＧＩです。

ブドウ糖（つまり砂糖）を直接口に入れたときの血糖値の上がり方を１００として、その度合いが急激であればあるほどＧＩは高く、緩やかであればＧＩは低く表示されます。

ＧＩが高い食品、つまり１００に近い食品というのは、食べたら血糖値がどーんと

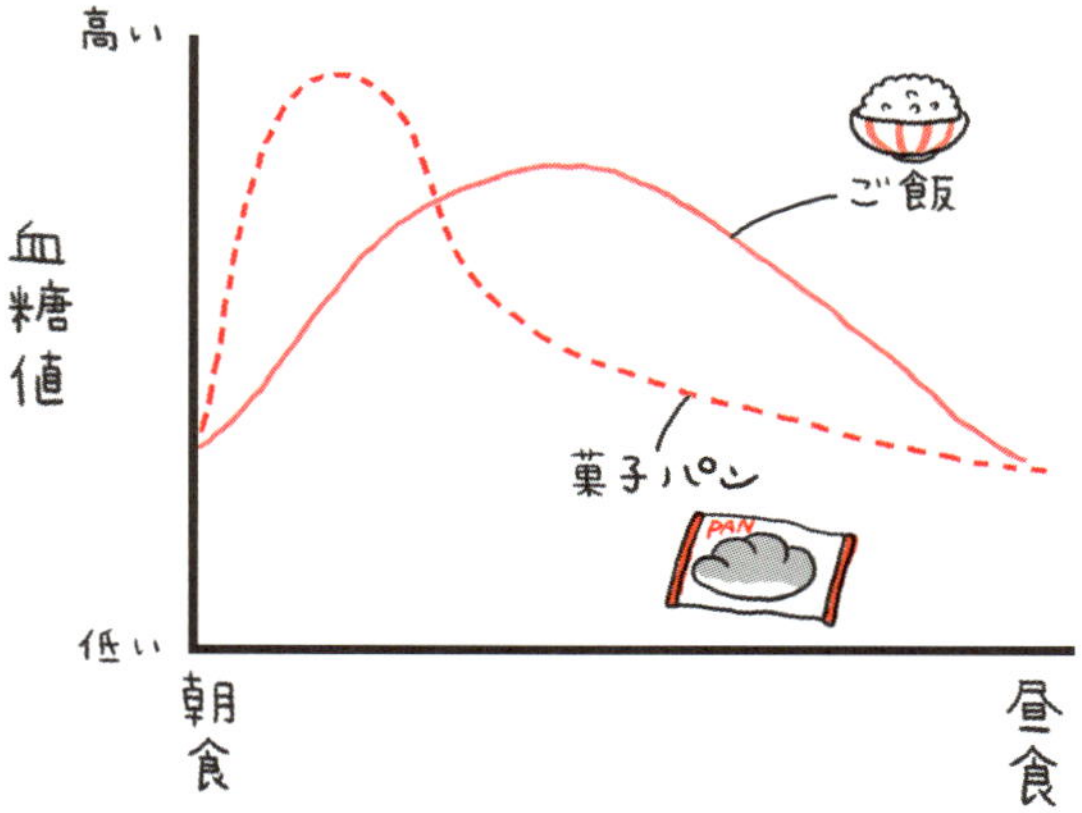

朝食のメニューで血糖値の上がり方が変わる

上がる（そしてすぐに下がる）ものです。

それを食べたら血液中に一気にブドウ糖が流れ込み、そして一気に減少します。炭水化物の多い食品は、ＧＩが高い傾向にあります。

一方でＧＩが低い食品は、血糖値が穏やかに上がり保たれる食品です。

それを食べたら血液中にはじわじわとブドウ糖が流れ込み、そしてゆっくり減少します。タンパク質や脂質の多い食品や、野菜などはＧＩが低い食品です。

子供の脳は常にエネルギーを必要として

いますから、一気に大量のブドウ糖を得るよりも、長時間にわたって安定してブドウ糖を得たほうがよい。つまり、ＧＩの低い食品のほうが、脳の成長にはいいのです。

このＧＩという観点で食べ物を見ると、菓子パンは特にＧＩの高い食品です。ですから、子供の朝食に菓子パンは不向きなのです。

さらに、菓子パンが朝食によくないのには、もうひとつ理由があります。おかずと合わせづらいということです。

ご飯や食パンであれば、お味噌汁やスープ、卵や肉・魚などのタンパク質や脂質がセットになります。炭水化物を単品で食べるよりも、ＧＩも下がってきます。

そうすることで、自然と栄養バランスが整ってくるでしょう。栄養バランスのよい食事を心がけることが、脳の成長につながるといえそうです。

前述のカーディフ大学の調査でも、朝食にお菓子を食べていた子供より、バランスよく食べていた子供のほうがよい成績をとれることが示されています。

どんなに時間がなくても、ご飯だけではなく「卵かけご飯」にする。トーストだけではなく「チーズトースト」にする。

こんな、ちょっとした毎日の心がけが、長い目で見たときには、子供の脳への大きな違いとなってくるはずです。

一番簡単な低GI食品の見分け方

このGIですが、より低いものを自分で選ぶときのポイントは、「主食であればなるべく茶色いものを」といえます。

ご飯であれば白米より玄米、パンであれば白いパンではなく全粒粉《ぜんりゅうふん》を使ったパンやライ麦パンがおすすめです。精白米や食パンなどの精製された「白い食品」は、菓子パンほどではないにせよGIが高めだからです。

一方、玄米《げんまい》や五穀米《ごこくまい》、全粒粉のパンやライ麦パンなどの「茶色い食品」のGIは、白い食品に比べて約半分〜3分の2ほどに下がります。たまには変えてみるとよいでしょう。

とはいえ、多くの子供はやはり「白い食品」を好みますね。そういうときは、おかずを加えるなどしてバランスをはかれば、好きでもないのに無理に主食を変える必要はないと思います。

まずは「朝食抜きを避ける」「菓子パンだけの朝食にしない」という2つを守ることからスタートしてはいかがでしょうか。

次の日常的な選択でいえば、「ご飯かパンか」になると思いますが、両者のGIに大きな差はありませんので、神経質にならなくてもいいと思います。もしできるなら、白砂糖をやめてきび砂糖にする、なども、とてもよい心がけです。

スポーツでも勉強でも大活躍する子の共通点

「運動をすると賢くなる」のはなぜ？

「リレーの選手の○○君は、成績もいいんだって」

「△△ちゃんは、体操の練習で塾にあまり来てないのに、いつもトップクラス」

こんな話は小学校のお母さんたちの周りにあふれていると思います。

「運動ばかりしている子は頭がよくない」といったイメージは過去の話。「運動ができる子は頭もよい」というのが実際のところでしょう。

なぜなら、運動と脳には、深い関係があるからです。

それには脳の2つの性質が関わっています。それは先にもお話しした「可塑性《かそせい》」と

「汎化《はんか》」というものです。

脳の持つ「自ら成長する力」を伸ばそう

可塑性とは「自らを変化・成長させる能力」のことです。つまり脳はそれ自身でどんどん成長していく特徴を持っています。

運動をすると、関わる脳のネットワークが発達していきます。するとますます脳は、より成長しやすい状態に整えられていきます。運動をすると脳も一緒に鍛えられるわけです。

運動のよくできる子は頭もいい。そのもうひとつの理由は、「汎化」です。脳には、何かをすると脳全体の能力が上がり、それに関係しない部分も伸びていくという特徴があるからです。

汎化によって脳全体のパフォーマンスは上がりますが、たとえば運動の前後で計算が速くなったり、漢字の暗記が楽になるというわけではありません。

運動のよくできる子と、運動を全然しない子が同じだけ勉強をしたときに、運動のよくできる子のほうが伸びる可能性が高い、ということです。

夏まで部活を続けていた子が、その後の頑張りで第一志望に現役合格、というのがよく聞く話なのは、この汎化の影響もあってのことなのです。

最近では、中学受験のために運動をやめさせる塾もあると聞きますが、いくら受験を控えているからといって、小学生の子供から運動の機会を奪ってしまうのは、脳の成長にとっても、もったいないことです。

運動のしすぎで問題があるとすれば、物理的に勉強時間がなくなるということだけでしょう。

そうであれば、運動をする日数を減らしたり、1回当たりの時間を減らしたりして調整すればいいのです。

運動は脳の発達を促すだけでなく、ストレスの発散など、精神面にもいい影響があります。友人もできます。受験のためにやめる必要はないと思います。

「できる子」「できない子」を分ける「この視点」

さらにいえば、大人になってからでも、「できる人は、何でもできる」というのが私の実感です。

たとえば大企業の経営者は、何か得意なスポーツのある方が多いですよね。料理上手な人は頭がいい、などという話も聞きます。

それはなぜかというと「コツ」をつかんでいるからだ、というのが私の考えです。

何をするときにも、どのようにしたら短時間でマスターできるか、よりよくなるかを考えながらやっているから、違いが出てくるのです。根性とか1000本ノックとかではなく、コツをつかんでいるのです。

運動をしたほうが体も鍛えられますし、運動で学んだことは勉強にも生かせます。そして、勉強で学んだことは運動にも生かせます。さらには大人になってからの頭のよさ、人生の充実度にもつながってきます。

受験期にはスポーツはガマン、などと安易に考えるのではなく、両立する工夫をしてみるといいのではないでしょうか。

ゲーム・スマホ……「してほしくないこと」をやめさせる方法

ゲームは「成長の通過点」？

「うちの子は、ゲームが大好きで困っています。放っておいていいのでしょうか」

生活習慣に関連して、このような質問を受けることがあります。

特に男の子のお母さんにとって、ゲームは悩みのタネだと思います。小学生の男の子は、ゲームの話題でコミュニケーションをとっているようなところもありますから、安易に禁止にもできません。

でも、前述の質問にどうしても答えるならば、ゲームが脳の成長、そして好奇心や頭のよさにつながるとは、必ずしもいえないと思います。

さらにいえば、ゲームからは関心が広がりづらいというのが私の考えです。やればやるほど、次のゲームをやりたくなる。私にとって、ゲームはそんな存在だからです。

実は私も、子供の頃、テレビゲームに熱中したことがありました。それこそ、1日中テレビに向かっていたこともあります。だから、子供たちがゲームに夢中になる気持ちも、よくわかります。

私がゲーム漬けになったとき、親はどうしたか。「やめろ」と言われたことはありませんでした。思い返してみても、何もしていなかったと思います。

でもあるとき、「このままゲームを続けていてもしょうがないな」と自分で気づいて、ゲームをしなくなりました。

別に、私が賢かったからゲームをやめられたとは思っていません。ただ、ゲームよりも昆虫のほうが面白いことを、あるときふと思い出したのです。

ゲームをやめさせ、より脳の成長につながることに興味を向けてあげるのも、親の役割のひとつだと思います。

しかし、禁止するのは逆効果です。

「見ないで」と言われれば見たくなるのと同じように、「ダメ！」と言われれば、やりたくなります。遠ざければ遠ざけるほど、それをしたくなるのです。

しつこい「ゲーム病」の撃退法

一時的にゲームにはまってしまっても、もとの「好きなもの」に戻ってくるためには、世の中にはゲームより面白いことがたくさんあるという実感を子供に持たせてやるしかありません。

「どうせどこへ連れて行ってもゲームをしているんだから」と家にこもるのではなく、

めげずに旅行、スポーツ、近くの野山などに連れ出したり、一緒に楽器を演奏したり、音楽を聞いたりしましょう。子供のゲーム熱に負けず、子供が面白いと思いそうなことをいろいろと試す。外の世界を子供にどんどん見せてあげてほしいと思います。

どこへ連れて行っても、たぶん子供はゲームを持参するでしょう。そして、親の気持ちなんてそっちのけで、ゲームをしているでしょう。

したいというならさせておく。一方で親は、それ以外の面白いことを見せる努力を惜しまない。そうするしかないと思います。

これは、禁止するよりもずっと忍耐力がいる方法です。

せっかくの旅行で子供がゲームばかりしているとき、宿題をしないでゲームばかりしているときには、つい怒鳴りたくなってしまうものです。

怒鳴ったことをきっかけに、親子関係が一時的にぎくしゃくするかもしれません。子供の成績が下がることもあるでしょう。それも仕方がないことです。

ゲームにのめり込むことによって、成績が下がったり、いつも眠かったり、親子関係がぎくしゃくするといった悪影響が生じる。そのことを、子供に身をもって体験させている、と割り切ることをおすすめします。

そう考えれば、ゲームも、ゲームにともなう悪影響も子供にとっては必要な学びです。

この姿勢を貫くことが、ゲームに限らず、「やらないほうがいいことをやめさせる」ための一番の近道だと思います。

子供がよりイキイキ輝く、親の「言葉がけ」

やっぱり！　叱るより褒めるほうが脳にいい理由

生活習慣の最後に、親から子への言葉がけについてお話ししておきましょう。

「褒める」ことの大切さはさまざまなところでいわれていますが、脳の面から見てもそれは事実です。

褒められると、脳のある領域――聴覚に関わる領域（側頭葉）と言語の理解に関わる領域（頭頂葉）、感情に関わる領域（前頭葉）に少し変化が出るのです。

習慣として繰り返すことで脳の形態にも差が出てくる可能性も指摘されています。

私自身も息子によく、冗談半分に「賢いっ！」と声をかけています。

しかしこれは、何か計算があってかけている言葉というよりも、

「いつの間にこんなことを覚えたのか！」

「小さな頭でこんなことまで考えているのか！」

と驚かされたときに、自然に口から出ていた言葉です。そう考えると、自分自身はポジティブな声かけをしていることが多いと思います。


好奇心を持って成長している子供は、本当に、親がビックリするような成長を遂げていきます。

そのときには、**「すごい！」という素直な気持ちを伝えてあげる**といいと思います。

海馬を萎縮させる「ストレス」の正体

もうひとつ、「叱る」「怒る」ということを、親はもう少し考えたほうがいいかもし

れません。

というのは、日常的にストレスを受け続けると、海馬が萎縮することがわかっているからです。ストレスによって分泌されるホルモンが、海馬の神経新生を抑えるためと考えられています。

海馬は記憶を司る、子供の成長にとって非常に大切な部分です。

口を開けば注意ばかりしているという方は、それがお子さんの恒常的なストレスとなっていないか、よく子供を観察してみてください。

さらに、体罰や無視、ネグレクト、度が過ぎる夫婦喧嘩《げんか》、突然の離婚、家族との死別など、子供にとって大きな心の傷となるような出来事には、特に注意が必要です。

トラウマになるような出来事は、海馬だけでなく、「帯状回《たいじょうかい》」という情動を司る領域も萎縮させることがわかっています。

もちろん、子供が悪いことをしたら叱ったり、怒ったりすることは必要です。しかし、やりすぎると脳にはいい影響がないことを知っておくと、お子さんに怒鳴る前のブレーキになるかもしれません。

毎日の生活習慣で、子供はもっと賢くなれる

これまで、子供の脳を賢く育てる習慣を、いくつか紹介してきました。しかし、どんなに親が努力しても、子供の脳にとって「よい」とされる習慣を取り入れることができないかもしれません。あるいは、子供に大きなストレスやショックを与えてしまうこともあるでしょう。

でも、もし子供の成長に悪影響を及ぼすようなことが起こったとしても、それでダメ、もうやり直せないと考えるのは早すぎます。

たとえ一度、海馬の萎縮が起こってしまったとしても、しっかりと睡眠をとって運

動をして、さまざまな経験を積む中で、再び子供の脳は成長を取り戻します。

子供の「頭のよさ」「賢さ」のもととなる脳内のネットワークは、好奇心によって、豊かに伸びていくのです。

日常生活の中に、脳を成長させるチャンスはたくさんあります。

できることから実践して、あなたのお子さんを、より強く賢い脳を持つ子供に育てられるよう、取り組んでいただきたいと思います。

おわりに

私の本来の研究テーマは「認知症」です。

認知症にならないためにはどうしたらいいかということを、これまで16万人以上の脳画像を見ながら、考えてきました。

実は認知症の研究から、今回お話しした「子供の好奇心」の大切さがわかってきたのです。

認知症は予防できる病気である、というお話は53ページでしましたが、予防効果が医学的に、明らかに実証されているのは、今のところ、次の表にある3つの要素しかありません。

認知症を予防する3つの要素

❶ 運動

認知症のリスクを下げるために、
もっとも重要な要因。
1日30分程度の散歩（有酸素運動）が効果的。

❷ コミュニケーション、人との関わり

多くの人と関わる機会が多いほど、
認知症のリスクは下がる。
特に、定年退職まで仕事に打ち込んできた人ほど、
退職してからも家族や社会と
つながっていることが大切。

❸ 趣味や好奇心

趣味が多く、高いレベルで好奇心を
維持している人ほど認知症になりづらい。

これらの3つの要素は、歳をとってからの短期間でどうこうできる話ではありません。突き詰めて考えると、子供の頃にどのように育てられたか、どのような生活習慣を送っていたかに行き着きます。

そして、ここで特に注目すべきは、③の「趣味や好奇心」です。好奇心には人生を変える力がある。このことに気がついたのは、私が研究を始めて7年目のことでした。

何歳までも脳が若々しい人の好奇心の源を掘り下げていったところ、「子供時代」に行き着いたのです。

大人になってから好奇心を持てなくなるわけではありません。しかし、歳をとっても仕事に趣味にボランティアにとイキイキと活動している方というのは、小さい頃からの好奇心を維持している方が、本当に多いのです。

大人になってからピアノを習うのはハードルが高くても、子供の頃に少しでも取り組んでいたなら、すんなりと再スタートできるものです。

そういったものがたくさんあればあるほど、楽しみも仲間も多く、充実した人生につながります。

さらに、将来の認知症や脳の老化さえも予防してくれるのですから、これ以上のことはないでしょう。

子供の頃、親が育んでくれた好奇心が、その子の老後までを守る。そんなことが、最新の脳科学の研究からわかってきたのです。

親も子も幸せになる！　脳医学がすすめる究極の子育て法

これまでお伝えしてきたように、好奇心を育てることはそれほど難しいことではありません。とはいえ、それでもやはり、ある程度の親の努力は必要です。

お子さんを見て興味のタネを見つけてあげることが必要ですし、お休みの日を、公園や博物館で過ごすことも多くなるでしょう。

親が率先して図鑑をめくってみたり、楽器を弾いてみたり、スポーツをすることになるかもしれません。お稽古《けいこ》に通わせるなら、その送り迎えが必要です。

しかし、頑張れば頑張るだけ、お子さんの脳はぐんぐんと、よい方向に変化していきます。思春期頃までの子供の、このスピード感のある成長は、長い人生の中でも、ほんの一時期だけのもの。**親の頑張りで子供の未来を変えられるのも、この、ほんの一時期だけのこと**です。

そう考えれば、今より少し、子供の好奇心を伸ばしてあげる努力ができると思いませんか？

そして、お子さんよりスピードは落ちるものの、その取り組みによってお父さん、お母さんの脳も変化していきます。

本書で提案する子育てで変わるのは、お子さんの脳だけではありません。お子さんの好奇心を育てているうちに、親御さんご自身の脳も成長し、それが人生の充実、そして将来の認知症の芽を摘むことにつながっていきます。

また、親子共通の趣味を持つことになり、家族が一緒になって楽しめる時間も増えていくでしょう。

子供も大人も、好奇心を持つことで、いつまでも健康に、自己実現をしていくことができる。毎日を、より楽しめる。

脳の画像はそのことを、私たちに教えてくれているのです。

瀧　靖之

瀧 靖之（たき・やすゆき）

東北大学加齢医学研究所・教授。医師。医学博士。

1970年生まれ。東北大学大学院医学系研究科博士課程卒業。東北大学加齢医学研究所機能画像医学研究分野教授。東北大学東北メディカル・メガバンク機構教授。一児の父。

東北大学病院加齢核医学科長として画像診断に取り組むかたわら、東北大学加齢医学研究所及び東北メディカル・メガバンク機構で脳のMRI画像を用いたデータベースを作成し、脳の発達や加齢のメカニズムを明らかにする研究者として活躍。読影や解析をした脳MRIは、これまでに16万人に上る。

「脳の発達と加齢に関する脳画像研究」「睡眠と海馬の関係に関する研究」「肥満と脳萎縮の関係に関する研究」など多くの論文を発表。脳を健康に、若々しく保つ生活習慣は、新聞・テレビなどのマスコミでも数多く取り上げられ、そのノウハウをまとめた著書『生涯健康脳』（ソレイユ出版）は、10万部を突破するベストセラーとなっている。

本書では、最新の脳研究と自身の子育て経験をふまえた「科学的な子育て法」を提案。一個人の経験や主観に頼らない「脳の成長」に沿ったメソッドで、何歳からでも、子供の才能や能力を伸ばすことができる。

16万人の脳画像を見てきた脳医学者が教える

「賢い子」に育てる究極のコツ

2016年4月19日　第1刷発行
2016年5月23日　第5刷発行

著者　瀧　靖之
装丁　大場君人　安井彩
イラスト　伊藤ハムスター
編集協力　黒坂真由子
校正・校閲　くすのき舎
協力　伊藤源二郎　植谷聖也　大橋弘祐　小寺練　下松幸樹　菅原実優　須藤裕亮　竹岡義樹　谷綾子　寺村卓朗　芳賀愛　林田玲奈　樋口裕二　古川愛　前川智子
編集　宮本沙織
発行者　山本周嗣
発行所　株式会社文響社
〒105-0001　東京都港区虎ノ門1-11-1
ホームページ　http://bunkyosha.com
お問い合わせ　info@bunkyosha.com
印刷・製本　中央精版印刷株式会社

本書の全部または一部を無断で複写（コピー）することは、著作権法上の例外を除いて禁じられています。
購入者以外の第三者による本書のいかなる電子複製も一切認められておりません。定価はカバーに表示してあります。
©2016 by Yasuyuki Taki

ISBN コード：978-4-905073-36-9　Printed in Japan
この本に関するご意見・ご感想をお寄せいただく場合は、郵送またはメール（info@bunkyosha.com）にてお送りください。